AF332461

COLLECTION

S. SCHEIKEVITCH

ESTAMPES ET PORTRAITS ANCIENS

CONDITIONS DE LA VENTE

Elle sera faite au *comptant*.

Les acquéreurs paieront *dix pour cent* en sus des enchères.

M. Danlos se réserve la faculté de réunir ou de diviser les lots.

La collection sera exposée, 15, quai Voltaire, du lundi 16 au samedi 21 mai.

CATALOGUE

DES

TRÈS BELLES ESTAMPES

DE TOUTES LES ÉCOLES

ŒUVRES DE

ALBERT DURER — REMBRANDT VAN RIJN

ALDEGREVER, BAUDOUIN, B. ET H.-S. BEHAM, DEBUCOURT, DEMARTEAU, BARON
BOUCHER-DESNOYERS, EVERDINGEN, CL. GELÉE, LAWREINCE, L. DE LEYDE, R. MORGHEN
VAN OSTADE, G. PENTCZ, RAIMONDI, RUBENS ET SON ÉCOLE, M. SCHONGAUER, ETC.

TRÈS BEAUX PORTRAITS

PAR

BALECHOU, LES DREVET, EDELINCK, MASSON, NANTEUIL, SCHMIDT, SUIDERHOEF
VISSCHER, WILLE ET AUTRES MAITRES

COMPOSANT

LA COLLECTION DE M. S. SCHEIKEVITCH

ET DONT LA VENTE AURA LIEU A PARIS

HOTEL DROUOT, SALLE N° 7

Du Mardi 24 au Samedi 28 Mai 1910, à deux heures

COMMISSAIRE-PRISEUR

Mᵉ HENRI BAUDOIN, *Successeur de M. Paul CHEVALLIER*

10, rue de la Grange-Batelière

EXPERT

M. A. DANLOS, Marchand d'Estampes, quai Voltaire, 15

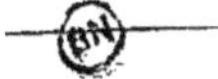

EXPOSITION

Le Lundi 23 Mai 1910, de 2 heures à 5 heures

ORDRE DES VACATIONS

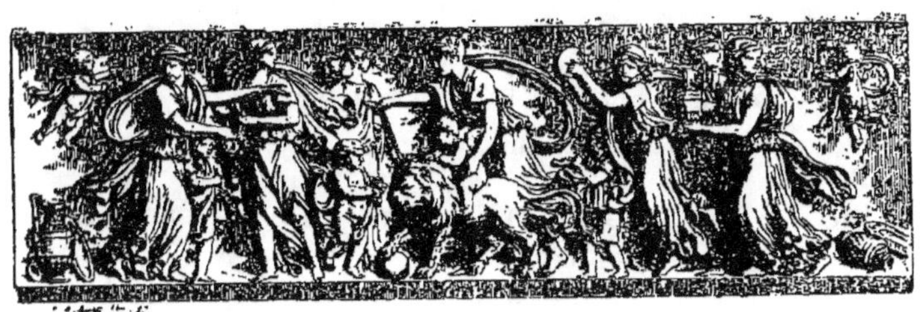

ALDEGREVER (Henri)

1. Histoire de Loth ; suite de quatre estampes (B. 14 à 17).   *15 / 20*

    Très belles épreuves.

2. Ammon avoue à Jonadab la passion qu'il a conçue pour Thamar (22). — David déchire ses vêtements à la nouvelle de la mort de son fils (28). — Jugement de Salomon (29). 3 pièces.   *15 / 22 Slettiner*

    Très belles épreuves.

3. L'Histoire de Suzanne (30 à 33) ; suite de quatre estampes.   *15*

    Très belles épreuves.

4. L'Annonciation (38).   *50*

    Superbe épreuve.

5. La Vierge debout, 1553 (50).   *40*

    Très belle épreuve. Col^{on} Broner.

6. Sophonisbé (62). — Médée et Jason (65). 2 pièces.

    Très belles épreuves.

7. Tarquin et Lucrèce (64).   *31*

    Superbe épreuve.

8. Mutius Scevola, 1530 (69).   *20*

    Très belle épreuve.

9. Annibal et Scipion, 1538 (71).

> Très belle épreuve. Rare.

10. Le Père sévère (73). — Mars (76). — Vénus (79). — Mars (82). 4 pièces.

> Très belles épreuves.

11. Figures allégoriques (107, 110, 112, 114). — L'Humilité (117). — La Force (133). 6 pièces.

> Très belles épreuves.

12. Petit danseur et Grands danseurs de noce. (144, 160, 162, 167 et 171). 5 pièces.

> Très belles épreuves.

13. Albert van der Helle (186). — Henri Aldegrever âgé de 28 ans (188). 2 pièces.

> Belles épreuves.

14. Henri Aldegrever âgé de 35 ans (189).

> Très belle épreuve.

15. Triton portant des Néréides (201). — Jeux d'enfants (267). 2 pièces.

> Très belles épreuves.

16. Partie supérieure d'un dessin de gaine, représentant un jeune homme accompagnant une jeune dame qu'il mène par la main (247).

> Très belle épreuve.

17. Montant d'ornements (279).

> Superbe épreuve.

18. La Nativité (39). — Le bon Samaritain (42). — Le mauvais Riche (46). — Hercule et Anthée (88). — Saint Luc (59). — La Mort enlevant un évêque (141). 6 pièces.

> Très belles épreuves.

ALIX (Pierre-Michel)

19. Michu, de la Comédie Française, d'après Garneray.
Petit in-f°

> Très belle épreuve imprimée en couleurs.

20. Bailly. — Mirabeau. — Bossuet. — Corneille. —
D'Alembert. — Racine. 7 portraits in-f°.

> Très belles épreuves imprimées en couleurs, les portraits
> de Bailly et de Mirabeau sont avant toutes lettres.

ALTDORFER (Albert)

21. Judith (B 1). — La Vierge (17). — Neptune (31). —
Vénus (33). — Jugement de Pâris (36). — La fable
de la Marguerite poétique (43). 6 pièces.

> Belles épreuves.

ANSELIN (Jean-Louis)

22. Pompadour (Mme la Marquise de), en belle Jardinière,
d'après C. Vanloo. Petit in-f°.

> Superbe épreuve. Toute marge.

AUDRAN (Jean)

23. Bavière (Clément-Auguste, électeur de), en pied, d'a-
près Vivien. Grand in-f°.

> Très belle et rare épreuve avant toutes lettres.

BAKHUIZEN (Louis)

24. Différentes marines ; suite de 10 estampes, plus le titre
et le portrait de l'artiste gravé à la manière noire.
Ensemble 12 pièces (D. 1 à 10).

> Très belles épreuves tirées sur le papier portant dans le fili-
> grane des armoiries hollandaises. Doubles du Musée de Berlin.

BALECHOU (Jean-Joseph)

25. Sainte Geneviève, 2 épreuves avec différences : avant
toutes lettres et avant les raies. — La Tempête,

épreuve avant les raies. Ensemble 3 pièces d'après
C. Vanloo et J. Vernet.

> Très belles épreuves. Col⁰ⁿ Wlassoff.

26. Auguste III, roi de Pologne, en pied, d'après H. Rigaud.
Grand in-f°.

> Superbe et rare épreuve avec la qualité de *Ch. de l'ordre de
> S. Michel*, à la suite du nom de Rigaud, mais avant la date
> de *1750*, après le mot *Paris;* doublée et une légère épidermure
> dans la marge. Col⁰ⁿ Wlassoff.

27. Mme Aved. — Mlle de Loiserolles, sœur de Mme Aved. —
Jolyot de Crébillon. — Mr de Julienne. — Comte
de Brulh. 5 portraits, in-f°, d'après Aved, de Troy et
L. de Silvestre.

> Très belles épreuves.

BAUDOUIN (D'après Pierre-Antoine)

28. Les Amants surpris. — La Leçon d'amour conjugal.
2 pièces, faisant pendants, gravées par Choffard (E. B.
3 et 7).

> Très belles épreuves.

29. Annette et Lubin, par Ponce (9).

> Très belle épreuve. Sans marge.

30. Le Carquois épuisé, par N. de Launay (11).

> Très belle épreuve. Petite marge.

31. Le Catéchisme. — Le Confessionnal. 2 pièces faisant
pendants (12 et 15).

> Très belles épreuves.

32. Les Cerises, par N. Ponce (13).

> Superbe épreuve. Toute marge.

33. Le Chemin de la fortune, par Voyez l'ainé (14).

> Très belle épreuve. Doublée.

34. Le Coucher de la mariée, gravé à l'eau-forte, par
    J.-Moreau et terminé au burin par Simonet (16).   270
    Très belle épreuve. Doublée.

35. L'Enlèvement nocturne, par N. Ponce (20).   430
    Superbe épreuve avant les rectifications dans l'adresse de
    l'auteur.

36. L'Épouse indiscrète, par N. de Launay (21).   230
    Très belle épreuve.

37. Le Jardinier galant, par Helman (25).   320
    Très belle épreuve. Toute marge.

38. Ji Vais, par L. Marin (Bonnet) (26).   355
    Très belle épreuve, imprimée en couleurs, avec la faute
    au nom de *L. Marin*, lequel est écrit *Le Marin*. Remargée à
    claire-voie.

39. Le Léger Vêtement, par Chevillet (28).   210
    Très belle épreuve. Très grande marge.

40. Marchez tout doux, parlez tout bas, par Choffard (30). 900
    Très belle épreuve.

41. Le Modèle honnête, par J.-M. Moreau et Simonet (34).   65
    Très belle épreuve. Taches d'eau.

42. Perette, par Guttenberg (36).   290
    Très belle épreuve. Grande marge.

43. La Rencontre dangereuse, par Le Veau (40).   145
    Très belle épreuve.

44. Rose et Colas, par Simonet (42).   250
    Très belle épreuve.

45. La Sentinelle en défaut, par N. de Launay (44).   240
    Très belle épreuve.

340   46. Les Soins tardifs, par N. de Launay (45).

        Très belle épreuve. Marge.

330   47. Le Soir, par De Ghendt (46).

        Très belle épreuve. Très grande marge.

240   48. La Soirée des Tuileries, par Simonet (47).

        Très belle épreuve. Marge.

BAUDOUIN ET BERTIN (D'après)

100   49. Le Poète Anacréon. — La Gayeté de Silene. 2 pièces, faisant pendants, gravées par N. de Launay.

        Très belles épreuves.

BEAUVARLET (Jacques-Firmin)

305   50. Histoire d'Esther ; suite de 7 estampes gravées d'après les tableaux de C. Coypel.

        Superbes épreuves avant toutes lettres.

BÉGA (Corneille)

30
Danlos

    51. Vieille au grand pot (B. 12). — Le Buveur (16). — La Femme portant un panier (18). — Une Mère allaitant son enfant (30). — La Vieille aubergiste (32). 5 pièces.

        Très belles épreuves.

50   52. — La Mère au cabaret (31).

        Superbe épreuve du 1er état : il y a une place blanche près l'œil droit de la mère, et un espace blanc entre l'ombre de son corset et la tête de l'enfant dont les cheveux ne sont indiqués que par un seul trait. Très rare.

55   53. La Jeune Cabaretière caressée (34). — Le Cabaret (35). 2 pièces.

        Très belles épreuves, la seconde pièce est avant l'adresse de Mortier.

110   54. L'Œuvre du Maître, moins les nos 1, 4, 7, 8, 9, 14, 15, 22, 24, 35 et 36. Ensemble 25 pièces.

        Anciennes et belles épreuves.

BÉHAM (Barthélemy)

55. Combat d'hommes nus (B. 16).
    Belle épreuve, les fonds teintés à l'encre.

56. Enfant dormant sur une tête de mort (31).
    Très belle épreuve.

BÉHAM (Hans-Sebald)

57. Adam et Ève, 1543 (B. 6).
    Superbe épreuve du 2e état : avant que le fond ait été recouvert d'une quatrième taille.

58. Adam et Ève chassés du paradis (7).
    Très belle épreuve.

59. Job s'entretenant avec ses amis, 1547 (16).
    Très belle épreuve du 1er état : avant les plantes parasites sur le mur au fond, à droite.

60. La Vierge assise, 1520 (18).
    Très belle épreuve.

61. La Vierge au perroquet, 1519 (19).
    Très belle épreuve.

62. Tête de Christ, 1520 (29).
    Très belle épreuve. Très rare.

63. La Parabole de l'Enfant prodigue ; suite de quatre estampes (31 à 34). — L'Enfant prodigue gardant les pourceaux (35). Ensemble 5 pièces.
    Très belles épreuves.

64. Les Apôtres ; suite de 12 estampes dont nous ne possédons que huit (43, 44, 46, 49, 50, 51, 52, 57).
    Très belles épreuves.

65. Les Évangélistes ; suite de quatre estampes (55 à 58).
    Très belles épreuves du 2e des quatre états décrits. Petites marges.

66. Saint Philippe et saint Jacques le Majeur (38). — Saint
Antoine l'Hermite (64). — Saint Sebald (65). 3 pièces.

Belles épreuves.

67. L'Enlèvement d'Hélène (70).

Très belle épreuve du 2ᵉ état : avant la troisième contre-
taille sur le fond.

68. Cimon nourri par sa fille, 1544 (74).

Très belle épreuve.

69. Cimon nourri par sa fille, 1544 (75). — Cléopâtre (77).
2 pièces.

Très belles épreuves. Col⁰ᵘ Koller.

70. Trajan (82).

Très belle épreuve du 2ᵉ état : avec le chiffre, mais avant
l'année 1537. Manque un peu de conservation.

71. Le Jugement de Pâris (89).

Très belle épreuve.

72. Les Travaux d'Hercule ; suite de douze estampes (96 à 107).

Très belles épreuves avant les dernières retouches ; le nᵒ 96
est du 1ᵉʳ état.

73. Léda, 1548 (112).

Superbe épreuve.

74. Les Arts libéraux ; suite de sept estampes (121 à 127).

Très belles épreuves avant les retouches.

75. La Connaissance de Dieu et les sept vertus chrétiennes
(129 à 136) ; suite de huit estampes dont nous ne
possédons que cinq (manquent les nᵒˢ 2, 6 et 8 de la
suite. — La Patience (158). Ensemble 6 pièces.

Très belles épreuves.

76. La Bonne fortune. — La Fortune contraire. 2 pièces faisant pendants (140 et 141).   *160*

> L'épreuve de la Bonne fortune est très belle, celle de la For-
> tune contraire est superbe; elles sont toutes les deux du 1er état.

77. Le Triomphe, 1549 (143).   *85*

> Superbe épreuve. Remargée.

78. La Mélancolie (144).   *29*

> Très belle épreuve.

79. L'Impossible, 1549 (145).   *35*

> Très belle épreuve du 1er état: avant les traits horizontaux
> sur la mer et avant les contre-tailles sur le rocher, à droite.

80. La Mort surprenant la femme endormie 1548 (146).   *72*

> Très belle épreuve. Fort rare.

81. La Jeune femme accompagnée d'un bouffon, 1540 (148),   *60*
estampe gravée à l'eau-forte.

> Très belle épreuve. Fort rare.

82. Répétition de la planche précédente dont elle diffère en *75*
ce que le visage du bouffon a été changé en une tête
de mort (149).

> Superbe épreuve avant la retouche.

83. La Mort se saisissant d'une femme nue et debout, 1546   *90*
(150).

> Superbe épreuve tirée avant que la planche ait été retouchée
> dans toutes ses parties.

84. La Mort et les trois sorcières (151).

> Très belle épreuve.

85. Les Noces de village; suite de dix estampes, 1546 (151 à *290*
163).

> Très belles épreuves.

86. Marche des nouveaux mariés de village (178 à 185); suite
    de huit estampes.
> Très belles épreuves.

87. Le Paysan au marché (186). — La Payssnne au marché
    (187). — Le Paysan à la fourche et son compagnon
    (188 et 189). — Les Trois soldats et le chien (196).
    5 pièces.
> Très belles épreuves.

88. La Paysanne allant au marché (192).
> Très belle épreuve.

89. Le Soldat amoureux (202).
> Très belle épreuve. Fort rare.

90. La Femme se baignant les pieds (207). — Les Trois
    femmes au bain (208).
> Belles épreuves, la première pièce est doublée. Rares.

91. Le Bouffon et les deux couples d'amoureux (212).
> Superbe épreuve de la très belle copie dans le sens de l'original. Fort rare.

92. Les Deux bouffons (213).
> Superbe épreuve.

93. Le Bouffon et les baigneuses, 1521 (214).
> Belle épreuve.

94. La Pénitence de saint Chrysostome (215).
> Superbe épreuve 1er état : avant l'inscription, avant beaucoup de travaux et avant le monogramme du maître. Très rare.

95. La Même estampe.
> Très belle épreuve.

96. Étude d'une tête d'homme (219). — Étude d'une tête de
    femme (220). 2 pièces.
> Superbes épreuves.

97. L'Alphabet romain (229). — Le Petit bouffon (230). 2
pièces.   80

    Très belles épreuves.

98. Les Deux génies (236). — Le Mascaron (231). — Vi-
gnette à l'aigle (257). 3 piéces.

    Très belles épreuves.

99. Le Char de triomphe (237).   42 Danlos

    Très belle épreuve. Rare.

100. Adam et Ève (5). — Moïse et Aaron (8). — Judith (10).
— Jésus-Christ et la Samaritaine (24). — L'Homme
de douleurs (26). — Saint Jérôme assis, devant lui un
ange (63). 6 pièces.   26 Rapilly

    Belles épreuves.

101. Hector et Achille (68). — Lucrèce (79). — Le Jugement de Pâris (88). — Saturne (114). — Jupiter (115).
— Tête d'un cheval (236). — La Force (Pass. 265).
7 pièces.   52

    Belles épreuves.

BENAZECH (Par et d'après)

102. Le Couronnement de la rosière.   185

    Très belle épreuve imprimée en couleurs.

BERVIC (Charles-Clément)

103. L'Enlèvement de Déjanire. — L'éducation d'Achille.
2 pièces gravées d'après Guido Reni et Regnault.   150

    Superbes épreuves avant la lettre, sur chine remonté; la
première pièce est, de plus, avant les mots: *Enregistré le 15 prai-
rial de l'an VI.*

104. Louis XVI en pied, en manteau royal, d'après Callet.
Très grand in-fo.   205

    Superbe épreuve avant la déchirure; signée par Bervic au
crayon.

105. Senac de Meilhan, intendant de Hainaut, d'après Duplessis. In-f°.

> Très belle épreuve avant la lettre. Grande marge.

BOILLY (D'après Louis-Léopold)

106. On la tire aujourd'hui, par Tresca.

> Très belle épreuve avant la lettre.

BRESSE (Jean-Antoine de)

107. Hercule et Anthée, d'après un dessin d'Andrea Mantegna (B. 13).

> Superbe épreuve. Doublée.

BOUCHER (D'après François)

108. Encadrement aux armes de Mme de Pompadour, par
Ryland; dans le cartouche, écrit à l'encre, le titre
d'un œuvre de Wille.

> Très belle épreuve. Rare.

109. Femme nue debout, relevant d'une main une draperie
qui l'enveloppe en partie, gravé aux deux crayons,
par Bonnet.

> Superbe épreuve avant toutes lettres et avant la retouche à
> la draperie; elle est tirée sur papier bleu.

110. La Même Estampe.

> 2 épreuves avec différences : l'une sur papier bleu, est tirée à
> deux tons et est avec l'adresse de Bonnet, rue Galande, l'autre
> aux crayons de couleurs, est avec l'adresse de Bonnet, rue
> Saint-Jacques.
> Très belles épreuves.

111. La belle Cuisinière. — La belle Villageoise. — Le Panier mystérieux. — Le Berger récompensé. — L'agréable Leçon. 5 pièces par Aveline, Soubeyran et Gaillard.

> Très belles épreuves.

112. Jupiter et Léda. — Jupiter et Calisto. — Les plaisirs
de l'été, 3 pièces par Ryland, Gaillard et Daullé.

 Très belles épreuves, les deux dernières pièces ont de grandes
marges.

113. L'Hymen et l'Amour. — La Chasse. — Le Sommeil
interrompu. — La Bergère prévoyante. 4 pièces par
divers graveurs.

 Très belles épreuves, la dernière pièce est avant la dédicace.

114. Études de femmes nues. — Les Nymphes au bain. —
Le Trait dangereux, etc. 5 pièces par divers graveurs.

 Très belles épreuves ; la dernière pièce est avant toutes
lettres.

115. Le Matin. — La Souffleuse de savon. — La Marchande
d'œufs. — Vignettes pour Molière. — Études. 17
pièces par divers graveurs.

 Très belles épreuves.

116. Études d'Amours. 10 pièces par divers graveurs.

 Très belles épreuves.

117. L'Apparition des anges aux bergers. — Vénus couchée. — Coiffure à la Malborough. 3 pièces par
Bonnet, Boucher et Huet.

 Belles épreuves tirées à la sanguine.

BOUCHER et GABRIEL DE SAINT-AUBIN (D'après)

118. La Vertu irrésolue. — La Comparaison du bouton rose.

 2 pièces faisant pendants, gravées par Dennel.
 Superbes et très rares épreuves avant toutes lettres et avec les
médaillons blancs ; elles ont quelques très légères retouches au
pinceau qui ne sont, autres, que des indications des Peintres au
graveur ; elles sont très fraîches et ont une bonne marge ; on lit
au bas de la première pièce : *retouché par M. Wille fils* et au bas
de la seconde : *retouché par M. de Saint-Aubin ;* ces deux men-
tions sont à l'encre et écrites du temps.

CALLOT (Jacques)

119. La Tentation de Saint Antoine (M. 139).

> Superbe épreuve avec les vingt et une rosettes dans les armoiries, mais avant le trait échappé coupant, à peu près perpendiculairement, le nuage qui se trouve vers le haut à gauche; elle est doublée et provient de la collection Wlassoff.

120. Les Grandes misères de la guerre ; suite de 18 estampes (564-581).

> Très belles épreuves tirées avant que la mention *Israel excudit* ait été effacée.

121. Claude DERUET, peintre du Duc de Lorraine (505). — LOUIS DE LORRAINE, prince de Phalsbourg (508). 2 portraits petit in-f°.

> Très belles épreuves; elles sont doublées et proviennent de la Col^{on} Wlassoff.

122. L'Éventail (617).

> Très belle épreuve; elle est doublée et provient de la Col^{on} Wlassoff. Fort rare.

123. La Carrière (651), épreuve doublée. — La Chasse (711). 2 pièces.

> Superbes épreuves du 1er état. Col^{on} Wlassoff.

124. La Vie de l'enfant prodigue, 10 pièces en 1er état. — La grande foire de Florence, 2e planche. — La Chasse. — Le Rocher. — Les Supplices, etc. 18 pièces.

> Très belles épreuves.

CARESMES (D'après Jacques-Philippe)

125. La Petite Thérèse, par J. Couché.

> Très belle épreuve.

CARESMES ET HUET (D'après)

126. La Culbute imprévue. — La Chute inattendue. 2 pièces, faisant pendants, gravées par J. Morret.

Très belles épreuves imprimées en couleurs.

CARMONA (Michel-Salvator)

127. BOUCHER (François), célèbre peintre, d'après Roslin le Suédois. In-f°.

Très belle et très rare épreuve avant toutes lettres et avant quelques légers travaux ; dans cet état la planche est un peu plus grande.

CHALLE (D'après Michel-Ange)

128. La Ruelle, par Malapeau.

Très belle épreuve.

129. Histoire de Paul et Virginie ; suite de 6 pièces gravées par Decourtis.

Très belles épreuves imprimées en couleurs.

CHARDIN (D'après Jean-Baptiste, Siméon)

130. Le Peintre, par Gauthier-Dagoty.

Très belle épreuve tirée à deux tons, sur papier teinté vert, d'une estampe, non décrite, de la plus grande rareté sinon unique ; elle est un peu plus grande que l'estampe de Surugue décrite par M. Bocher, N° 42 de son catalogue, et est rognée au trait carré, mais sur un fragment de la marge inférieure, collé au verso, on lit le titre et les vers qui se lisent dans la marge de l'estampe de Surugue.

CHEVEAU (D'après)

131. Le Serment de fidélité d'Héloïse à Abélard. — La Protestation d'Héloïse à Abélard, 2 pièces, faisant pendants, gravées par Mixelle.

Très belles épreuves imprimées en couleurs.

CLAESSENS (Lambrecht-Antoine)

55

132. La Femme hydropique, d'après G. Dow.

> Superbe épreuve avant toutes lettres, dite d'artiste. Toute marge.

COCHIN (par et d'après Charles-Nicolas)

130

133. 45 portraits, médaillons ronds équarris, in-4°, gravés par des artistes contemporains :

> COCHIN LE FILS. — BOUCHER. — CHARDIN. — CREBILLON. — CHEVERT. — COUSTOU. — Cte DE BRUTH. — FALCONET. — FONTANIEU. — LE BAS. — HUME. — LULLY. — MARIETTE. — MASSÉ. — ROETTIERS. — L. DE SILVESTRE. — PIRON. — WATELET. — VANLOO, etc.
>
> Très belles épreuves.

CRANACH (Lucas)

205

134. Adam et Ève. — Pièces de la Passion. — Martyres des Saints. — Vénus et l'Amour. — Portrait de Melanchton. 2 épreuves avec différences, etc., 20 pièces gravées sur bois.

> Belles épreuves, quelques-unes incomplètes.

DAULLÉ (Jean)

45

135. FEUQUIÈRE (Cath. Mignard, Comtesse de), d'après Mignard. In-f°.

> Superbe épreuve avant l'adresse ; elle est doublée et provient de la col^{on} Wlassoff.

55

136. MARIE JOSÈPHE, reine de Pologne, en pied, d'après L. de Silvestre. Très grand in-f°.

> Très belle épreuve.

137. MARIETTE (P.), célèbre amateur, d'après A. Pesne. In-f°.

> Superbe épreuve avant la lettre. Sans marge sur les côtés.

DEBUCOURT (Louis-Philibert)

138. La Noce au château, 1789. (M. F. 21).

> Très belle épreuve imprimée en couleurs.

139. Les Heures, 2 pièces reproduisant, deux sur chaque planche, quatre des Heures attribuées à Raphaël (168 et 169).

> Superbes épreuves imprimées, en couleurs, sur fond noir.

140. La Danse des chiens en désordre, d'après C. Vernet (415).

> Belle épreuve en couleurs.

141. Siècle de Louis XV : une soirée chez Madame Geoffrin en 1755, d'après le chevalier Lemonnier. Grand in-f° en largeur.

> Très belle épreuve. Toute marge.

142. Il n'y a pas de feu sans fumée. — Le Marchand de peaux de lapin. — Passez-Payez. — Anglais en habit habillé. — Dragon et Lancier de la Garde Royale. 6 pièces d'après C. Vernet.

> Très belles épreuves en couleurs.

143. Le Canal. — Mlle van Maelder. — Mlle Lundens. — Adèle la Vénitienne. — La belle Frascatane. 5 pièces.

> Très belles épreuves.

DEMARTEAU (Gilles)

144. Étude (L. 105). — Portraits de Louis XVI et de Marie-Antoinette (223 et 224). — Femme sur un lit (227). Animaux (228). — Pastorale et son pendant (229 et 230). 8 pièces d'après Boucher et Vassé.

> Très belles épreuves tirées à la sanguine.

145. Portrait de Mme Geoffrin, jouant aux cartes (234). — Jeune femme, en costume Louis XV, de profil à

gauche, brodant à l'aide d'un petit métier posé sur ses
genoux (336). 2 pièces d'après Cochin et Carmontelle.

Très belles épreuves tirées à la sanguine.

146. Sujet de plafond (231). Nymphe debout (233). — Mau-
solée (235). — Tête de femme et son pendant (236
et 237). — Tête de femme et son pendant (238 et
239). — Diane (240). — Vénus et l'amour. 9 pièces
d'après Boucher et Vanloo.

Très belles épreuves tirées à la sanguine.

147. Tête de femme et son pendant (241 et 242). — Sujet
(243). — Figurine (244). — Statuette de Nymphe
chasseresse (245). — Sujet (246). — Famille russe
(247). — Portrait de Bergeret (251) 8 pièces d'après
Le Prince, Huet et Boucher.

Très belles épreuves tirées à la sanguine.

148. Études d'Amours, d'après Boucher. 2 pièces faisant
pendants (252 et 253).

Très belles épreuves tirées à la sanguine.

149. Bergères Russes (254 et 255). — Tête (256). — Enfant
(258). — Le Paysan de Gandelu (262). — Allégorie
(263). — Tête d'enfant (264). — Tête de Turc
(267). Têtes d'enfants (269-270). 10 pièces d'après
Boucher, Cochin et Le Prince.

Très belles épreuves tirées à la sanguine.

150. Trois bacchantes, d'après Boucher (260).

Très belle épreuve tirée à la sanguine.

151. Tête de Flore (280). — Étude de mains de femmes
(282). Tête de femme (284). — Les Savoyards (291
et 292). Sujets (293 et 294). — Sujet et son
pendant (295-296). Russe lisant (297). — Concert
(298). 11 pièces, la plupart d'après Boucher et
Le Prince.

Très belles épreuves tirées à la sanguine.

152. Deux têtes (288). — Sujet (299 et 300). — Tête de
femme (303). — Groupe de têtes (306). — Femme
Flamande (309). — Sujet (310). 7 pièces d'après
Boucher et Le Prince.

> Très belles épreuves tirées à la sanguine.

153. Têtes de femmes (315-316-317 et 318). 4 pièces d'après
Courtois.

> Très belles épreuves tirées à la sanguine.

154. Vénus sortant du bain, vue de dos, et l'Amour, d'a-
près Boucher (319).

> Très belle épreuve imprimée à la sanguine.

155. Jupiter et Danaé; pièce de forme ovale gravée, à plusieurs crayons, d'après J.-B. Huet.

> Très belle épreuve. Sans marge en haut et en bas.

156. La Femme au petit chien; médaillon ovale gravé par
Boucher (323).

> Très belle épreuve imprimée à la sanguine.

157. L'Amour enchaînée (322). — Sujet de chasse (328. —
Dindons (330). — Paysage (332). — Tête de Bac-
chante 334). — La Sultane (339). — 6 pièces d'après
Boucher, Courtois et Huet.

> Très belles épreuves tirées à la sanguine.

158. Étude de femme (338). — Groupes de Têtes et Têtes
(372-373-374 et 375). 5 pièces gravées, à plusieurs
crayons, d'après Le Prince et Vanloo.

> Très belles épreuves.

159. Groupe de Têtes (344). — Sujet d'animaux (349). —
Marchande de légumes (363). — Repos champêtre
(364). — Jeux d'amours (358-366). — Sujets de chasse
(369, 370 et 383). 9 pièces, la plupart d'après Huet et
Boucher.

> Très belles épreuves tirées à la sanguine.

160. Vénus couronnée par les Amours. — Vénus désarmée
     par les Amours. 2 pièces, faisant pendants, gravées
     à plusieurs crayons d'après Boucher (378 et 379·.
     Très belles épreuves.

161. Sujet de chasse (380). — Tête (387). — Étude ·389). —
     Portrait de Cachiopin (390). — Groupe de têtes tur-
     ques (391). — Sujets (395). — Tête de femme (405).
     7 pièces d'après Huet, le Prince et Vanloo.
     Très belles épreuves tirées à la sanguine.

162. Femme assise en costume russe (384). Jeune femme
     debout (385). 2 pièces, faisant pendants, gravées à
     plusieurs crayons d'après Le Prince.
     Superbes épreuves.

163. Tête de Mercure (412). — Sultane ·413). — Tête (415).
     — Sujet de fontaine (416). — Minerve (417). — Têtes
     d'enfants (428 à 430). 8 pièces d'après Boucher,
     Eisen et Fredou.
     Très belles épreuves tirées à la sanguine.

164. Danseuses. 2 pièces, faisant pendants, gravées d'après
     Boucher (410 et 411).
     Très belles épreuves tirées à la sanguine.

165. Femme couchée à terre (423). — Bacchante assise sur
     une peau de tigre (424). 2 pièces, faisant pendants,
     gravées d'après Le Barbier.
     Très belles épreuves tirées à la sanguine.

166. Sujet (431). — Femme Russe (432). — Les Quatre sai-
     sons (436 à 439). — Bacchanales (440). 7 pièces d'a-
     près Boucher, Le Prince et Le Barbier.
     Très belles épreuves tirées à la sanguine.

167. Le Repos du chasseur, gravé à plusieurs crayons d'a-
     près Huet (472).
     Très belle épreuve. Doublée.

168. Le Jeune Berger (514). — Carle Vanloo. — Tête d'étude
(648). 3 pièces d'après Boucher, Vanloo et Vincent.

> Très belles épreuves tirées à la sanguine et à plusieurs
> crayons.

DESNOYERS (Le Baron Boucher)

169. La Vierge au rocher, d'après L. de Vinci.

> Superbe épreuve avant la lettre (lettres tracées).

170. La Vierge, l'Enfant Jésus et saint Jean, dite *La Belle
Jardinière*, d'après Raphaël.

> Superbe épreuve avant la lettre (lettres tracées); Col^on Wlas-
> soff.

171. Sainte Marguerite, d'après Raphaël.

> Superbe épreuve avant la lettre (lettres tracées); sur Chine.

172. La Vierge au berceau, d'après Raphaël.

> Superbe épreuve avant la lettre, seulement la seconde ligne
> tracée; sur Chine.

173. Les Trois vertus théologales : La Foi, l'Espérance et
la Charité, d'après les peintures en grisailles de Raphaël qui étaient à Pérouse.

> Très belles épreuves avant la lettre, seulement les noms
> d'auteurs et un médaillon au milieu de la marge.

174. La Visitation. — La Vierge du palais Tempi. — Les
Muses et les Pierrides. — Élézier et Rebecca. 4 pièces
d'après Raphaël, Perrino del Vaga et N. Poussin.

> Superbes épreuves avant la lettre (lettres tracées).

175. Napoléon le Grand en pied, en costume du sacre,
d'après le Baron Gérard. Grand in-f°.

> Superbe épreuve portant le cachet de Ptolémée. Col^on Wlas-
> soff.

176. La Belle Jardinière. — La Vierge au linge. — La Vierge
au Donataire. — La Vierge à la chaise. — La belle

Jardinière de Florence. — Sainte Catherine d'Alexan-
drie. — La Transfiguration. 7 pièces d'après Raphaël.

Très belles épreuves : l'épreuve de sainte Catherine en lettres
grises et la Vierge au Donataire porte le cachet de Ptolémée.

DIETRICH (C.-Wilhem-Ernest)

177. Partie de son œuvre :
100 Estampes dont vingt pièces doubles en différents
états.

Très belles épreuves, la plupart en 1er état.

DREVET (Pierre)

178. Rebecca recevant les présents d'Éliézer (F. D. 3. — La
Présentation au temple (4). 2 pièces d'après Coypel
et L. de Boullongne.

Très belles épreuves.

179. BEAUVAU DU RIVAU (René-François de), archevêque de
Narbonne, d'après H. Rigaud (17). In-f°.

Très belle épreuve.

180. WURTEMBERG (Ch. C. de), épouse de GUILLAUME-FRÉDÉRIC,
margrave de Brandebourg-Onotzbach (28). In-f°.

Très belle épreuve.

181. N. BOILEAU (24). — N. COLBERT (33). — R. DE COTTE
(34). — Le cardinal FLEURY (48). 4 portraits, in-f°,
d'après H. Rigaud.

Très belles épreuves.

182. DODUN (Charles-Gaspard), marquis d'Herbault, d'après
H. Rigaud (39). In-f°.

Très belle épreuve.

183. PHILIPPE V, roi d'Espagne, d'après H. Rigaud (40).
In-f°.

Superbe épreuve du 1er état : avant l'addition de la planche
accessoire.

184. Louis XIV, roi de France debout, en pied, sur le trône,
d'après H. Rigaud (55). Grand in-f°.

> Superbe et rare épreuve du 2ᵉ état : avant les contre-tailles
> sur la colonne ; elle est doublée et provient de la Col⁰ⁿ Wlassoff.

185. BOURGOGNE (Louis de France, duc de), d'après H. Rigaud (57). In-f°.

> Très belle épreuve du 2ᵉ état : avant la lettre mais avec les
> noms des artistes.

186. Louis XV en pied, représenté enfant assis sur le trône,
d'après H. Rigaud (58). Très grand in-f°.

> Magnifique épreuve du 1ᵉʳ état : avant toutes lettres, c'est la
> seconde épreuve connue en cet état ; elle est doublée et pro-
> vient de la Col⁰ⁿ Wlassoff.

187. TOULOUSE (Louis-Alexandre de Bourbon, comte de),
grand amiral de France, d'après A. Rigaud (64). In-f°.

> Superbe épreuve du 1ᵉʳ état : avant que, dans l'écusson, les
> deux ancres en sautoir aient été supprimées et remplacées par
> une seule ancre passant derrière.

188. LE MÊME PERSONNAGE, d'après H. Rigaud (65). In-f°.

> Très belle épreuve. Doublée.

189. CONTI (François-Louis de Bourbon, prince de), en pied,
d'après H. Rigaud (66). Très grand in-f°.

> Magnifique épreuve d'un tout 1ᵉʳ état non décrit par
> Mr Didot : avant toutes lettres, avant les armes et avant quel-
> ques légers travaux. Seule épreuve, de cet état, connue jusqu'à
> ce jour.

190. CONDÉ (Louis-Henri de Bourbon, prince de), d'après
Gobert (67). In-f°.

> Belle épreuve. Remargée.

191. MITANTIER (Jean-Martin), greffier de l'Hôtel de Ville de
Paris, d'après N. de Largillière (95). In-f°.

> Très belle épreuve du 2ᵉ des cinq états décrits (on ne con-
> naît qu'une épreuve du 1ᵉʳ) : avant que, dans l'adresse, l'indi-

cation de la *rue saint Jacques* ait été remplacée par celle de la rue du *Foin*. Rare.

192. Motteville (H. Lambert, Mme de), d'après N. de Largillière (98). In-f°.

> Très belle épreuve.

193. Portail (Antoine), premier président au Parlement de Paris, d'après Tournières (108). In-f°.

> Superbe épreuve du 2e des quatre états décrits : avant l'adresse de Bligny.

194. Louis XIV, buste demi-nature (53). — Ant. de Mesmes (94). 2 portraits in-f°.

> Très belles épreuves.

195. Louis Dauphin de France (56). — Louis XV (59). — Girardon (69). — H. Rigaud (112). 4 portraits in-f°, d'après H. Rigaud.

> Très belles épreuves.

196. Ricaud (Maria-Serre, Mme). (110). — Savoie (Marie d'Orléans, duchesse de) (115). 2 portraits in-f° d'après H. Rigaud.

> Très belles épreuves.

197. Troy (François de), d'après lui-même (120). In-f°.

> Superbe épreuve avant toutes lettres ; elle est doublée et provient du Cabinet Wlassoff. Très rare.

198. Villars (Claude-Louis-Hector, duc de), maréchal de France, d'après H. Rigaud (123). In-f°.

> Très belle épreuve du 3e état : avant que l'inscription sur la tablette du socle, qui compte neuf lignes, ait été remplacée par une autre inscription ne comptant que six lignes.

DREVET (Pierre-Imbert)

199. Bernard (Samuel), fameux financier, en pied, assis dans un fauteuil adossé au socle d'une colonne, d'après H. Rigaud (11). Très grand in-f°.

> Superbe et très rare épreuve du 1er état : avant les travaux

à la pointe sèche sur les lumières de la main gauche et avant
le mot *Conseiller d'estat;* elle est doublée et provient de la
Col^{on} Massaloff.

200. Bossuet (Jacques-Bénigne), évêque de Meaux, en pied,
     d'après H. Rigaud (12). In-f°.

> Superbe épreuve du 2ᵉ état, dite *au fauteuil blanc :* avant
> les troisièmes tailles sur le dos du fauteuil, avant que les mots
> estropiés *Constorianus* et *trecenses* aient été remplacés par *Con-
> sistorianus* et *trecensis,* avant la *virgule* après le mot *præceptor*
> et avant les points à la suite du nom de Rigaud. Excessivement
> rare.

201. La Même Estampe.

> Superbe épreuve du 4ᵉ état : avec les tailles sur le dos du
> fauteuil, avec les mots *Consistorianus* et *Trecencis* rectifiés mais
> avant les points à la suite du nom de Rigaud; elle est doublée.

202. Orléans (Louise-Adélaïde d'), abbesse de Chelles, fille
     du Régent, d'après Gobert (19). In-f°.

> Très belle épreuve. Remargée.

203. Lecouvreur (Adrienne), célèbre tragédienne, dans le
     rôle de Cornélie, d'après Ant. Coypel (24). In-f°.

> Superbe épreuve, avec marge, du 1ᵉʳ état : avant toutes
> lettres. Excessivement rare.

204. Pucelle (René), magistrat Français, d'après H. Rigaud
     (29). In-f°.

> Très belle épreuve du 1ᵉʳ état : avant toutes lettres. Marge.

205. P. Couvay (14). — Cardinal Dubois (15). — Ad. Lecou-
     vreur (24). — Ch. G. de Vintimille (14). 4 portraits,
     in-f°, d'après Coypel, Rigaud et Tournières.

> Très belles épreuves, la dernière pièce est gravée par
> Cl. Drevet.

DREVET (Claude)

206. Le Bret (M. H. de La Briffe, Mme), en Cérès, d'après
     H. Rigaud (9). In-f°.

> Très belle épreuve.

DROUAIS (D'après François)

150

207. Les Enfants du roi de Sardaigne. — Les Enfants du duc de Choiseul. 2 pièces, faisant pendants, gravées par Mélini et Beauvarlet.

> Très belles épreuves.

DUJARDIN (Karel)

208. La Vache et le veau (D. 3). — Les Chiens de chasse (5). — Le Bouvier et ses trois bœufs (22). — Le Champ de bataille (28). — Berger derrière l'arbre (23). — L'Ane entre deux moutons (32). — Portrait de De Vos (52 *bis*).

> Très belles épreuves; les trois premières pièces sont avant les numéros.

62

208 bis

DURER (Albert)

20
Danlos

209. Portrait de Durer, par Melchior Lorck.

> Très belle épreuve.

20

210. Portraits de Durer et de son père, par Hogenberg et Hollar.

> Belles épreuves.

12.600

Danlos

211. Adam et Ève (B. I).

> Magnifique épreuve du 1er état : avant la crevasse sur le tronc de l'arbre du second plan, à la hauteur de l'aisselle d'Adam ; elle est tirée sur papier à tête de bœuf et est dans un état de conservation et de fraîcheur irréprochables. De la plus grande rareté de cette qualité.

1600

212. La Passion de Jésus-Christ (3 à 18), suite de 16 estampes dont nous ne possédons que quatorze; manquent les nos 7 et 18 de la suite.

> Très belles épreuves.

400

213. La Face de Jésus-Christ (25).

> Superbe épreuve.

214. La Face de Jésus-Christ ; pièce gravée sur une planche
d'étain (26).
Très belle épreuve avant les taches de rouille.

215. Sainte Anne et la jeune Vierge (29).
Belle épreuve.

216. La Vierge aux cheveux longs liés avec une bandelette
(30).
Très belle épreuve : Col^{on} Fuesseli.

217. La Vierge à la couronne d'étoiles (31).
Belle épreuve.

218. La Vierge à la couronne d'étoiles et au sceptre (32).
Col^{on} Wlassoff.
Très belle épreuve.

219. La Vierge allaitant l'enfant Jésus (34).
Très belle épreuve épidermée au verso.

220. La Vierge assise embrassant l'enfant Jésus (25).
Très belle épreuve.

221. La Vierge donnant le sein à l'enfant Jésus (36).
Très belle épreuve.

222. La Vierge avec l'enfant Jésus emmaillotté (38).
Belle épreuve.

223. La Vierge couronnée par deux anges (39).
Très belle épreuve.

224. La Vierge assise au pied d'une muraille (40).
Très belle épreuve.

225. La Vierge à la poire (41).
Superbe épreuve.

226. La Vierge à la porte (45).
Belle épreuve. Rare.

227. Saint Philippe. — Saint Thomas (46 et 48). 2 pièces.
> Très belles épreuves.

228. Saint Christophe à tête retournée (51).
> Très belle épreuve.

229. Saint Christophe (52).
> Très belle épreuve.

230. Saint Georges à pied (53).
> Très belle épreuve.

231. Saint Georges à cheval (54).
> Très belle épreuve.

232. Saint Hubert ou Saint Eustache (57).
> Magnifique épreuve dans un parfait état de conservation.
> Très rare de cette qualité.

233. Saint Antoine (58).
> Très belle épreuve.

234. Saint Jérôme dans sa cellule (60).
> Très belle épreuve.

235. Saint Jérôme en pénitence (61).
> Très belle épreuve avant la retouche ; manque de fraîcheur
> et a quelques épidermures au verso.

236. La Sorcière (67).
> Épreuve faible.

237. L'Effet de la jalousie (73).
> Très belle épreuve remargée. Col^{on} von Enzenberg.

238. La Mélancolie (74).
> Superbe épreuve ; elle a une marge de 5 millimètres tout
> autour de la planche et est signée au recto et au verso : *P. Ma-*
> *riette 1666.*

239. Le Groupe des quatre femmes nues (75).
> Très belle épreuve. Col^{on} Keller et Schlœsser.

240. Le Songe ou l'oisiveté (76).
> Magnifique épreuve tirée sur papier à tête de bœuf.

1000 Danlos

241. Le Petit courrier (80).
> Belle épreuve.

70 Danlos

242. La Dame à cheval (82).
> Belle épreuve.

160 De Cap....

243. Le Paysan et sa femme (83).
> Très belle épreuve. Col^{on} Ruhl

210 Danlos

244. Les Trois paysans (86).
> Très belle épreuve.

410

245. L'Enseigne (87).
> Très belle épreuve légère restauration dans la partie supérieure.

305 Rapilly

246. L'Assemblée des gens de guerre (88).
> Belle épreuve.

360 Danlos

247. Le Branle (90).
> Très belle épreuve. Col^{on} Schlœsser.

490

248. Le Violent (92).
> Très belle épreuve avant la retouche.

120 Gosselin

249. Le Seigneur et la Dame (94).
> Très belle épreuve ; la petite marge est refaite.

410

250. Le Petit cheval (96).
> Belle épreuve.

125

251. Le Grand cheval (97).
> Superbe épreuve tirée sur papier à tête de bœuf.

620 Danlos

252. Le Cheval de la mort (96).
> Superbe épreuve ; les extrémités des deux angles supérieurs ont été rapportées.

4.100 Danlos

253. Le Canon (99).

> Très belle épreuve, signée *P. Mariette 1662.*

254. Les Armoiries au coq (100).

> Très belle épreuve. Col^on Massaloff.

255. Les Armoiries à têtes de mort (101).

> Superbe épreuve, une déchirure habilement réparée.

256. ERASME de Rotterdam (107).

> Belle épreuve. Col^on Enzenberg.

Pièces gravées sur bois.

257. La Rédemption des Ancêtres (14).

> Très belle épreuve avant le texte au verso.

258. La Petite passion (16 à 52); suite de 37 estampes dont
nous ne possédons que 35 (manquent les n°s 16 et
17 de la suite):

> Belles épreuves avec le texte effacé; elles ont, moins le
> N° 44, de grandes marges.

259. 10 pièces de la même suite, n°s 31, 34, 35, 36, 37, 38,
42, 43, 46 et 51.

> Très belles épreuves avant et avec le texte latin au verso

260. Saint Jean voit sept chandeliers d'or (62).

> Très belle et rare épreuve avant le texte au verso.

261. La Vie de la Vierge; suite de vingt estampes (76-95).

> Très belles épreuves de la seconde édition : avec le texte
> latin au verso.

262. Un Ange apparaissant à Joachim (78).

> Très belle épreuve avant le texte au verso.

263. La Vierge assise dans une chambre voûtée ayant sur ses
genoux l'enfant Jésus (100). — Saint François rece-

vant les stigmates (410). — Saint Christophe (104).
3 pièces.

> Très belles épreuves ; la dernière est doublée.

264. Saint Jérôme dans sa cellule (114).

> Superbe épreuve, Col⁰ⁿ Wlassoff et Fuessli.

170
Danlos

265. Dessin du Rhinocéros que l'on a apporté de l'Inde à
Lisbonne en 1515 (136).

> Très belle épreuve dont on ne peut constater l'état, la marge
> du haut étant coupée.

266. Trois morceaux de l'Arc triomphal de l'Empereur Ma-
ximilien.

> Très belles épreuves.

45

267. Samson tuant le lion (2). — Le Supplice des dix mille
martyrs (9). — Le Portement de croix (10). — Le
Calvaire (58). — Vierge assise (99). — Albert Durer
vu de profil (156). — Huit saints patrons d'Autriche
(116). — Saint Martin (ap. 18). — Charles V (ap. 41).
9 pièces.

> Très belles épreuves.

75

268. Le Christ assis sur son tombeau (Pass. 234). — Le Cardinal à cheval (Pass. 278). 2 pièces.

> Très belles épreuves. Rares.

20

269. Un ange apparaissant à Joachim. — Jésus en croix. —
Pièces de la petite Passion formant l'encadrement
d'un titre, etc. 6 pièces, d'après le maître.

> Très belles épreuves.

16

DUSART (Corneille)

270. Les Chanteurs (D. 3), 1ᵉʳ état. — La Ventouse (12). —
Le Chirurgien de village (13). — Le Cordonnier re-
nommé (14). — La Fête de village (16). 5 pièces.

> Très belles épreuves.

105

271. Les Mois de l'année (20 à 31) ; suite de 12 [estampes, gravées à la manière noire, dont nous ne possédons que dix ; manquent les mois de Janvier et de Mars.

Très belles épreuves avant la lettre.

272. La Joie publique à l'occasion de la prise de Namur ; suite de 7 estampes, dont nous ne possédons que cinq (32, 33, 35, 36 et 37). — La loterie de Grottenbroeck (40). — Les Sept (41). — Les Cinq sens (50 à 54). Ensemble 12 pièces gravées à la manière noire.

Très belles épreuves.

273. Demi-figure d'un paysan tenant une pipe à la main (55). — Les deux amoureux.

Très belle épreuve de deux pièces de la plus grande rareté.

274. Des Moines, des femmes et des filles ; suite de 6 estampes gravées à la manière noire (57 à 62).

Très belles épreuves.

275. La Famille de paysans. — La Drôlesse contente. — C'est tout son cœur. — *Cereris Bacchique Amicus*, etc. 7 pièces gravées à la manière noire.

Très belles épreuves.

ÉCOLE ALLEMANDE

276. Combat de gladiateurs à cheval et à pied (B. 22). — La Force (28). — La Tempérance (29). — 3 pièces par le maître au monogramme I. B.

Très belles épreuves.

277. Marc-Curce (B. 8). — Le Jugement de Pâris (23). — Portrait de l'abbé de Fulde (23). — Marche de lansquenets. 5 pièces par H. Brosamer, Th. de Bry et V. Solis.

278. Les Deux femmes nues (B. 11). — Rinceau d'ornements. — Les instruments de la passion de J.-C. portés par des anges. — Le Hallebardier (7). 4 pièces par

L. Krug, et les maîtres aux monogrammes H. L. A. C.
et F. G.

Très belles épreuves.

279. Scènes de la Passion. — Martyr de Saint Sébastien, etc.
— 20 pièces gravées sur bois par Burgmair, Glocken-
ton, Baldung Grun, Schauffelein et autres maîtres.

Très belles épreuves, plusieurs finement enluminées.

280. Sujets religieux et profanes. — Portraits. 23 pièces.
gravées sur bois extraites, la plupart, de la chronique
de Nuremberg.

Belles épreuves, quelques-unes de ces pièces sont de la
réimpression de Derschau.

281. Plans de villes. — Portraits. — Titres. — Sujet religieux et profanes. 26 pièces gravées sur bois.

Belles épreuves.

ÉCOLE ANGLAISE

282. A *Flower pièces*. — A *Concert of birds*. 2 pièces, gra-
véés à la manière noire par Earlom, d'après Van
Huysum et Mario di Fiori.

Très belles épreuves.

283. A *Fish market*. — A *Game market*. 2 pièces, faisant
pendants, gravées à la manière noire d'après Snyders.

Très belles épreuves.

284. *The Royal academy of arts, instituted by the King, in the
year 1768*. La salle du modèle de l'Académie Imp. roy.
des Beaux arts à Vienne. 2 grandes pièces, en largeur,
gravées à la manière noire d'après Zoffani et Quadal.

Très belles épreuves.

285. Bethsabé présentant Abigail à David. — Expériences
de physique. 2 pièces, gravées à la manière noire
par Earlom et Pether.

Très belles épreuves, la dernière pièce est avant la lettre.

286. Ugolin dans sa prison. — Le fils du Titien et sa nour-
      rice. — Epaminondas. — Mort de Bayard. — Sujets
      mythologiques, etc. — 11 grandes pièces, gravées à la
      manière noire, d'après Reynolds, Le Titien, L. Gior-
      dano et autre maîtres.
        Très belles épreuves.

287. *Joseph sold by his Brethren. — Joseph tellïng his dream
      to his Father. — The Lion and boar. — Apollon and the
      Muses on mount Parnassus.* — Lion étouffant un ser-
      pent. — Lionne et ses Lionceaux. 6 pièces gravées à la
      manière noire.
        Très belles épreuves imprimées en couleurs.

288. *The Novel. — The death of Solinzeb. — The moralist. —
      A St James's Beauty.* 4 pièces d'après Northcote,
      Smith et Benwell.
        Très belles épreuves imprimées en bistre et en couleurs.

289. *The Fairing. — The Savoyards. — The Fairings. —
      Sailing out to the Fair. — Yoricks grave.* 5 pièces,
      d'après Wheatley et Singleton.
        Très belles épreuves.

290. Sujet de genre. 22 pièces, d'après Morland, Russel et
      autres artistes.
        Très belles épreuves.

291. Rubens et sa femme. — Ant. Van Dyck. — Le
      Reitre, etc. — 5 pièces, gravées à la manière noire
      d'après Rubens, Van Dyck, Le Giorgon et autres
      maîtres.
        Très belles épreuves.

292. Mrs Lascelles *and son.* — Earl of S. Vincent. — G. Fuger.
      — *Mrs Yates in the Character of the Tragic muse.*
      4 portraits in-f°, gravés à la manière noire, d'après
      Reynolds, Romney et autres maîtres.
        Très belles épreuves.

293. Comtesse d'ESSEX. — C^{sse} DE SALISBURY. — CHARLES Ier. —
W. PITT. — CH. PRATT, etc. 8 portraits in-f°, gravés
à la manière noire par Smith, Faber et Houston.   *150*

> Très belles épreuves, quelques-unes remargées.

294. ED. THURLOW. — J. HUNTER. — SCHERIDAN. — REYNOLDS.
W. PITT. — PRINCE DE CONDÉ. 6 portraits in-f°, gravés par Bartolozzi, Scharp et Scherwin.   *210*

> Très belles épreuves avant et avec la lettre.

295. *Sir* THOMAS LAWRENCE. — *Lady* GEORGIANA FANE. — WIL-
LIAM HERSCHEL. — THE QUEEN. — *Marquis* CORWALIS. —
Duke of WELLINGTON. — *The Princess* CHARLOTTE, etc.
8 portraits in-f°, d'après sir Thomas Lawrence et
Coopley.   *235*

> Très belles épreuves.

296. Madame MALIBRAN dans *Othello*. — Mlle SONTAG dans
Don Juan. 2 portraits in-f°, faisant pendants, gravés
par Turner et Gérard, d'après Decaisne et P. Delaroche.   *30*

> Très belles épreuves coloriées.

297. *The major* ELLIOT. — *Clytie*. — *An Academy*. — *Village
recruits*. — *Blind man's buff*, etc. 6 pièces gravées
par et d'après Bartolozzi, Ravenet et Wilkie.   *75*

> Très belles épreuves; les deux dernières pièces sont avant
> la lettre.

298. *Olivier Cromwell dissolving the Long Parliament. —
King Charles the II Landing on the Beach at Dover.
— The Landing of William Prince of Orange in
Torbay. — The Batle of the Boyne*. 4 pièces, d'après
B. West et Northcote.   *40*

> Très belles épreuves; la dernière pièce est avant la dédicace.

299. Bataille de *Banker-Hill*. — Mort du général Mont-
gomery à la bataille de Québec. 2 très grandes pièces,   *115*

faisant pendants, gravées par G. Müller et Clémens, d'après Trumbull.

Très belles épreuves avant la lettre.

21

300. La Prise de Gibraltar. — Bataille de *Bunker-Hill*. — La Mort du capitaine Cook, etc. 5 pièces gravées, d'après Trumbull et autres artistes.

Très belles épreuves ; la premiere pièce est avant la lettre.

110

301. *The Victory. Obteined by the British Squadrom... 11 october 1797. — The glorious victory... by the British Fleet... of June 1794. — Batle of the Nile*, etc. 4 grandes pièces, d'après Loutherbourg.

Très belles épreuves.

62

302. *The Death of the earl of Chatam. — The Currial of general Praser. — The death of lord viscount Nelson. — The death of lord Robert Manners.* 4 pièces d'après J. S. Copley, B. West et Stothard.

Très belles épreuves ; la dernière pièce est en lettres grises.

80

303. *The Riot in Broad Street, June 1780. — Immortality of Garrick. — Alderman Newnham Lord Mayor of city of London, 1782.* — Vues de Londres et de Windsor. 5 pièces grand in-f°, d'après Wheattey, W. Miller et autres artistes.

Très belles épreuves.

55

304. La Séparation de Louis XVI et de sa famille au Temple. — La Dernière entrevue de Louis XVI et de sa famille au Temple. 2 grandes pièces, faisant pendants, gravées par Schiavonetti, d'après Benazech.

Très belles épreuves. Doublées.

ÉCOLE FRANÇAISE

102

305. 2 feuillets contenant chacun dix pièces, gravées sur bois, représentant les quatre rois, les quatre reines et deux

des valets d'un jeu de cartes datant de la fin du
xve siècle.

> Pièces curieuses en mauvais état de conservation.

306. Saint Sébastien ? — Phalaris. — Sujets de la fable. —
Grotesques. 11 pièces gravées par J. Duvet, Woerriot
et E. Delaulne.

> Très belles épreuves.

307. Jésus et ses disciples à Emmaüs. — La Vierge au linge.
— La Vierge allaitant. — La Vierge à la Bénédiction.
— La Femme adultère. 5 pièces gravées par Audran,
Masson, Poilly et Spierre, d'après Raphaël, Le Titien,
le Corrège et Poussin.

> Très belles épreuves.

308. Les Couseuses. — La Confidence. — Lecture Espagnole.
4 pièces gravées par Beauvarlet, d'après Le Guide et
C. Vanloo.

> Très belles épreuves; la première pièce est avant la lettre.

309. Cardinal MAZARIN. — Cardinal de BOUILLON. — F. LAN-
GLOIS. — Cardinal de ROHAN. — PARDAILLAN DE GON-
DRIN. — MEZETIN. 6 portraits in-f°, gravés par Regnes-
son, Natalis, Pesne et Vermeulen.

> Très belles épreuves.

310. ULRIQUE ÉLÉONORE, reine de Suède. — Mlle PÉLISSIER.
— Mme PECOIL. — Mme de LA RAVOYE. 4 portraits
in-f°, par Daullé, Dossier et Vallée.

> Très belles épreuves.

311. PARDAILLAN DE GONDRIN. — Duc de LUXEMBOURG. —
JACQUES III. — B. STUART. — CASTANIER. 5 portraits
in-f°, gravés par Chereau, Daullé et Vermeulen.

> Très belles épreuves.

312. CHARLES PERRAULT, épreuves avant et avec lettre. —
S. LE CLERC, avant la lettre. — C. VANLOO, avant la

dédicace, 4 portraits in-f°, par Baudet, N. de Launay et Klauber.

Très belles épreuves.

313. S. Bourdon. — N. Coustou. — Van Cleves. — C. de Vermont. — Ch. de Verdun. 5 portraits in-f°, par Dupuis, Carmona, Poilly et Surugue

Superbes et très rares épreuves avant toutes lettres.

314. Louis XVI. — Marie-Antoinette. — Marie-Thérèse-Charlotte de France. — Comtesse d'Artois. 6 portraits in-4°.

Très belles épreuves en noir et en couleurs.

315. Joseph II, empereur d'Autriche. — Bause, graveur. 2 portraits in-f°, par Schultze et Bause.

Très belles épreuves avant la lettre.

316. Madame Élizabeth, sœur du roi. — Mlle Raucourt de la Comédie-Française. 2 portraits grand in-4°, par A. Boizot et Lingée.

Très belles épreuves.

317. Marie Leckzinska. — D'Aguesseau. — Vauban. — L'Archiduc Charles. — L'Impératrice Joséphine. — Mlle Raucourt. — Lekain. — Mirabeau. — Marat, etc. 14 portraits in-4° et in-f°.

Très belles épreuves en noir et en couleurs.

318. Les Arts libéraux. — Roland apprend la perfidie d'Angélique. — Coypel Jeune. — Thalie chassée par la peinture, etc. 7 pièces, d'après Coypel et C. Vanloo.

Très belles épreuves.

319. L'Épouse mal gardée. — La Guinguette. — La Ratisseuse. — Le Réveil du carlin. — La Dame de charité, etc. 8 pièces, d'après Chardin, Eisen, Caresmes et autres artistes.

Très belles épreuves.

320. L'Action. — La Fidèle surveillante. — Le Jeu de
l'ombre. — Le Rendez-vous agréable. — Les Ser-
ments du berger, etc. 8 pièces, d'après Colson, Des-
hays et Pierre.

Très belles épreuves.

321. Les Grâces enchaînées par l'Amour. — L'Amour cou-
ronné par les Grâces. — Le Colin-Maillard. — Céli-
mène essayant les flèches de l'Amour. — L'Élève inté-
ressante. — Le Prélude amoureux, etc. 11 pièces,
d'après Huet, Hoin, Le Bas, Nonotte et autres artistes.

Très belles épreuves.

322. L'Abandon voluptueux. — Le Fidèle indiscret. — La
Morale inutile. — La Faute est faite, permettez qu'il
la répare. — La Pantoufle, etc. 6 pièces, d'après
Borel et Challe.

Très belles épreuves.

323. La Bonne amitié. — La Dame charitable. — La Lan-
terne magique. — Petites études, etc. 15 pièces par
et d'après Schenau.

Très belles épreuves, deux sont à l'état d'eau-forte.

324. Le Bonheur du ménage. — La Crainte. — Le Marchand
de lunettes. — Le Corps de Garde. — L'Amour de la
gloire, etc. 7 pièces par divers graveurs, d'après Le
Prince.

325. L'Abus de la crédulité. — La Bergère des Alpes. — La
Bonté maternelle. — L'Agneau chéri. — L'Abbé en
conquête. — Le Moment dangereux, etc. 11 pièces,
d'après Aubry, Le Clerc, Loutherbourg et autres
artistes.

Très belles épreuves.

326. Salle de Concert dans l'édifice de la Société Félix Méritis.
— Le Père Gérard et la Belle Cadière. — Les Quatre

Ages. — Campement de troupes, etc. 11 pièces par et d'après Barbier, Cochin, Pater et autres artistes.

327. Frédéric-le-Grand entouré de ses amis. — Pièce allégorique sur le mariage de Guillaume V avec Sophie Wilhelmine de Prusse. — Cabinet d'un peintre. — Les Adieux de Calas à sa famille, etc. 6 pièces par Chodowiecki.

328. Coup d'œil de l'arrangement des Peintures au Salon du Louvre, en 1785. — Exposition au Salon du Louvre, en 1787. 2 piéces gravées par Martini.

> Très belles épreuves.

329. La Promenade du matin. — La Promenade du soir. — Nymphe de Flore. — Le Repas des Moissonneurs. 4 pièces, d'après Demarne, Barbier et Wille fils.

> Très belles épreuves imprimées en couleurs.

330. La Bergére surprise. — Bouquets de fleurs. — IVᵉ ruine d'Athénes. — La Bonne Mère, etc. 7 pièces.

> Belles épreuves imprimées en couleurs.

331. Aspettare. — Nécessité n'a pas de loi. — Première et seconde scène de voleurs. — La Vengeance de Cérès. — Le Cruel rit des pleurs qu'il fait verser. — Le Juge ou la cruche cassée, etc. 10 pièces, d'après Debucourt, Boilly, Prudhon et autres artistes.

> Très belles épreuves imprimées en noir et en couleurs.

332. La Communion de saint Jérôme. — L'Enlèvement de Déjanire. — L'Éducation d'Achille. — Saint Jean dans le désert. — La Joconde. 6 pièces, d'après Guido Reni, Raphaël et L. de Vinci.

> Très belles épreuves avant et avec la lettre.

ÉCOLES FLAMANDE ET HOLLANDAISE

333. Le Berger assis sur la fontaine (D. 8). 1ᵉʳ état. — La Vache qui pisse (2), 2ᵉ état. 2 pièces, par N. Berghem.
> Très belles épreuves.

334. La Vache qui s'abreuve (D. 1). — Différents sujets d'animaux en hauteur (9-11 et 12), 4 estampes par Berghem. — Le Chariot, par Bleker (10). — L'Auberge,
par Bargas, etc. Ensemble 22 pièces.

    Très belles épreuves.

120

335. Les Marchands de poisson (D. 1). — Les Patineurs (2).
— Les Traîneaux sur la glace (3). — Halte de chas-
seurs (4). — La Jetée (5). 5 pièces formant l'œuvre
complet de P. Bout.

    Très belles épreuves.

120

336. Œuvre de J. Both (D. 1 à 15). — Les Débauchés
par A. Both (9). — Œuvre de P. de Laer (1 à 21,
moins les nᵒˢ 15 et 21). Ensemble 34 pièces.

    Très belles épreuves.

80

336 *bis*. Différents animaux par Van Kessel; suite de 6 estampes. — Différents chiens par P. V. H. et J. de
Jonkheer (1 à 12, moins le nᵒ 6). Ensemble
17 pièces.

    Très belles épreuves.

337. Les Chiens, par Fyt (D. 9 à 16); suite de 8 estampes.

    Très belles épreuves avant l'adresse de Van Merlen.

338. Vues et paysages, par J. Hackaert (D. 1 à 6); suite de
6 estampes.

    Très belles épreuves tirées sur papier à la folie. Colᵒⁿ Bren-
tano.

65

339. Différents animaux (D. 1 à 12); suite de 12 estampes.
Les Maraudeurs (13). Ensemble 13 pièces par J. Van
den Hecke.

    Très belles épreuves; la pièce des Maraudeurs est très rare.

340. Ruines de Rome et l'Auberge, par Breenberg (2, 16
et 23). — Paysages, par Naijwink (10 et 11). —
Paysage orné de ruines. — Le Troupeau, par de Noordt.
— Le Petit pont, par Ruisdael (1). — La Caffarelle. —

Carrousels, par J. Van Ossenbeeck, 3 estampes. Ensemble 12 pièces.

Très belles épreuves.

341. Différents chiens, par Le Ducq (3, 4, 5 et 7). — Bœufs
et vaches, par P. Potter (4, 5 et 8). — Le Vacher, par
P. Potter (15), avec l'adresse de Cl. de Jonghe. —
La Chasse, par C. Boel (7). — L'Anier, par Diepen-
beke (1). Ensemble 10 pièces.

Très belles épreuves.

342. Différents paysages avec figures, par L. van Uden (D.
45, 46 et 47). — Le Hameau. — La Pièce d'eau, par
Verboom (1 et 2). — Paysages, par Waterloo (105,
120, 125, 127 et 130), épreuves tirées sur papier à la
folie. Ensemble 11 pièces.

Très belles épreuves.

243. Différentes vues, par Rogman (D. 5, 8, 17, 18, 20, 21,
22, 23, 24 et 30). — Marines, par Zeeman (155 à 166);
suite complète de 12 estampes. — Pièces apparte-
nant à différentes suites, par Zeeman, 12 estampes.
Ensemble 28 pièces.

Très belles épreuves.

344. Différents moutons et chèvres, par H. Roos (D. 10 à
17); suite complète de 8 estampes.

Très belles épreuves avant les numéros.

345. Différents sujets de figures de chevaux, par D. Stoop
(D. 1 à 12, moins les nos 3 et 5). — Différents
animaux, par H. Roos (19, 27, 29 et 30). Ensemble
14 pièces.

Très belles épreuves avant les numéros.

346. Fête Flamande (D. 1). — Scènes de paysans (2, 3 et 5).
— Vieillard à longue barbe (10). — Scènes pastorales
(33, 34, 35, 36). — Les Tireurs au flanc (37),

1er état. — Réunion de buveurs et de fumeurs (40). — Le Départ pour le Sabbat (42). Ensemble 15 pièces par D. Téniers.

Très belles épreuves.

347. Le Transport du blé (D. 5). — La Montagne verte (7).— L'Auberge (8). — Les Pêcheurs (10). —Différents animaux (11, 12, 15, 20). Épreuves avant les numéros. Ensemble 8 pièces par S. de Vlieger.

Très belles épreuves.

348. La Bataille, par Verschuring (B. 2). — Paysage, par C. van Beerensteyn (V. Der K. 4). — Dindons, poules et canards. Ensemble 3 pièces.

Très belles épreuves. Rares..

349. — L'Homme ajustant sa chaussure (D. 4). — Les Mendiants (11 et 12). — La Cuisinière près du puits (13). 4 pièces par Th. Wijck.

Très belles épreuves.

350. Scènes de genre. — Paysages. 44 pièces par Buyteweck, Molenaer, Nypoort, J. Van de Velde, C. de Wael et autres maîtres.

Très belles épreuves.

351. Le Petit fumeur (D. 5). — La Déclaration d'amour (18), 1er état. — Le Fumeur debout (26). — Le Charlatan (29), 1er état. 4 pièces par N. van Haften.

Très belles épreuves.

352. Cavalcade des Bourgeois d'Amsterdam pour la réception de Marie de Médicis dans cette ville, d'après M. de Jonghe ; suite de 6 estampes en largeur dont nous ne possédons que cinq. — La Rupture de la digue Saint-Antoine, hors Amsterdam, le 5 mars 1651. Ensemble 6 pièces par P. Nolpe.

Très belles épreuves.

353. Le Porte-Étendard. — Scènes de genre. — Pièces allégoriques. 8 pièces par de Gheyn, C. de Passe et
   S. van de Velde.

   Très belles épreuves.

354. Ornements. — Sujets mythologiques. — Costumes.
   28 pièces gravées, la plupart, par J. de Gheyn, De
   Bruyn et C. de Passe.

   Très belles épreuves.

355. Les Vertus. — Les Péchés capitaux. — Compositions
   diverses. 27 pièces d'après P. Breughel.

   Très belles épreuves.

356. Portraits. — Allégories. — Sujets de genre. 11 pièces
   gravées à la manière noire par Bega, Kilian, Pichler
   et autres artistes.

   Très belles épreuves.

357. Combats de cavalerie. — Sujets de genre, 7 pièces
   gravées à la manière noire par Huchtenburg et
   Valck.

   Très belles épreuves.

358. Portraits et sujets de fantaisie. 20 pièces gravées à la
   manière noire par Van den Bruggen, Gole, Houbraken
   et autres artistes.

   Très belles épreuves.

359. Portraits et compositions diverses. 18 pièces gravées à
   la manière noire par P. Schenck.

   Très belles épreuves.

360. Portraits et sujets de genre. 16 pièces gravées à la
   manière noire par N. Verkolje, d'après G. Dow, Schalken et ses propres compositions.

   Très belles épreuves.

361. Portrait de Miéris, 2 épreuves. — Jeune homme tenant
   un verre à la main. — Jeune femme tenant une bourse

et une plume. — Le Vieil avare. 5 pièces gravées à
la manière noire par Blooteling.

> Très belles épreuves.

362. G. Netscher. — Ant. van Dyck. — Jeune femme en
buste, la tête recouverte d'une draperie. 3 portraits
gravés à la manière noire par W. Vaillant.

> Très belles épreuves.

363. Jeune femme lisant une lettre, épreuves avant et
avec les noms des artistes. — Les deux amoureux.
Ensemble 3 pièces gravées à la manière noire par
W. Vaillant, d'après Gérars.

> Très belles épreuves.

364. Trompette apportant une lettre à une jeune femme. —
La Partie de cartes. — Jeune femme buvant. — Tête
d'homme. — La Tabagie, etc. 7 pièces gravées à la
manière noire par W. Vaillant d'après Rembrandt,
Terburg et autres maîtres.

> Très belles épreuves.

365. P. Scriverius. — J. Torrentius. — J. Zaffius. —
H. Saftleven. — M. de Merwede. — G. Doow, etc.
9 portraits gravés à l'eau-forte par Bronchorst, Saftleven, J. van de Velde et autres maîtres.

366. M. de Ruyter. — P. Florisz. — J. Edelheer. —
A. Capello. — Massacre des frères de Witt, etc.
8 portraits in-fo, gravés par Bary Fruijtiers, R. de
Hooghe et autres artistes.

> Très belles épreuves ; quelques-unes manquent de conserva-
> tion.

367. Arétin. — Élisabeth d'Este. — Baron de Thurn. —
A. Spinola. — Cornhaert. — Charles-Quint, etc.
8 portraits in-fo, gravés par Goltzius, van Dalen,
Delff, Muller et autres artistes.

> Très belles épreuves.

368. Charles Léopold, archiduc d'Autriche. — Auguste III.

roi de Pologne. 2 portraits in-f°, gravés à la manière
noire par Schenck et Verkolje.

> Très belles épreuves.

369. E. M. Kortenaer. — Aert van Nes. — D. H. van Be-
verningk. 3 portraits in-f°, gravés par Blooteling.

> Très belles épreuves; le dernier portrait est gravé à la ma-
> nière noire.

370. Delboe. Anna Schurman. — Esai Dupré. — Van Be-
verningk. — Van Haren. — J. Visscher. — Th.
Craanen. 7 portraits in f°, gravés par Blooteling et
van Dalen.

ÉCOLE ITALIENNE

371. Sujets de l'Ancien et du Nouveau Testament. — Compositions diverses. 20 pièces gravées sur bois, la
plupart par Boldrini.

> Belles épreuves.

372. La Vierge aux anges. — Sainte Famille. — La Vierge à
la bénédiction. — Le Spasimo. — La Descente de
croix. — Sainte Cécile. — Léon X. 7 pièces gravées
par Anderloni, Longhi et Toschi, d'après Raphaël, le
Titien et autres maitres.

> Très belles épreuves, la plupart avant la lettre.

ÉDELINCK (Gérard)

373. Moïse, d'après Ph. de Champaigne (R. D. 2).

> 2 très belles épreuves dont l'une, avant l'adresse de Drevet,
> provient de la Col^on Wlassof.

374. Sainte Famille, d'après Raphaël (4).

> 2 épreuves dont l'une, superbe mais doublée et provenant
> de la Col^on Wlassoff, est avant les armes de l'abbé Colbert.

375. Le Crucifix aux anges, d'après Ch. Lebrun; grande es
tampe en deux feuilles superposées (17).

> Superbe épreuve du 2e état : avant l'adresse de Drevet.

376. Sainte Madeleine, d'après le tableau de Ch. Le Brun
    qui se trouvait au Couvent des Carmélites (32). In-f°.

> Portrait présumé de Mˡˡᵉ de La Vallière.
> Superbe et très rare épreuve du 2ᵉ état : avant la lettre et
> avant la bordure, mais avec les noms des artistes repris au
> burin. Elle est doublée et provient de la Colᵒⁿ Wlassoff.

377. Combat des quatre cavaliers, d'après L. de Vinci (44).

> Superbe épreuve du 2ᵉ état : avec les noms des artistes,
> mais avant les trois points posés sur la lame du sabre du
> second des cavaliers de gauche. Elle est doublée et provient
> de la Colᵒⁿ Wlassoff.

378. CHAMPAIGNE (Ph. de), peintre du roi et recteur de l'Aca-
    démie Royale de peinture, d'après lui-même (164).
    In-f°.

> Belle épreuve du 1ᵉʳ état : avant le trait échappé.

379. LE TELLIER (Michel), chancelier de France, d'après Fer-
    dinand Voet (244). In-4°.

> Superbe et très rare épreuve du 1ᵉʳ état : avant la lettre et
> avant les corrections aux noms des artistes. Colᵒⁿ Wlassoff.

380. MANSARD (J. Hardouin), surintendant des bâtiments du
    Roi (268). In-f°.

> Très belle épreuve avant l'adresse de Bligny.

381. DESJARDINS (M. Vanden Bogaert; connu sous le nom de),
    célèbre sculpteur (182). — LE BRUN (Ch.), premier
    peintre du roi (238). — H. RIGAUD (303). — Saint
    CHARLES BORROMÉE. 4 portraits in-f°, d'après Rigaud.

> Très belles épreuves; le portrait de Desjardins est avant
> l'adresse de Drevet.

382. LOUIS XIV, roi de France, d'après Ch. Le Brun ; grande
    composition en deux feuilles assemblées, connue
    sous le titre du *Triomphe de l'Église*. — LOUIS XIV,
    roi de France, d'après Ch. Le Brun ; grande compo-
    sition en deux feuilles assemblées, faite pour décorer
    la thèse de J.-N. Colbert. 2 pièces.

> Très belles épreuves.

ÉDELINCK (Nicolas)

65

383. ORLÉANS (Philippe duc d'), petit-fils de France, régent
du Royaume ; grand portrait équestre gravé d'après
L. Ranc.

> Superbe épreuve. Col^{on} Wlassoff.

EISEN (D'après Charles)

132

384. La Comète. — Le Tric-trac. 2 piéces, faisant pendants,
gravées par Le Bas.

> Superbes et très fraîches épreuves ayant de grandes marges.

155

385. Concert méchanique inventé par R. Richard, gravé par
De Longueil.

> 2 très belles épreuves dont l'une est avant la suppression du
> lustre. Grandes marges.

386. La Vertu sous la garde de la Fidélité. — Les désirs sa-
tisfaits. 2 pièces, faisant pendants, gravées par
Le Beau et Patas.

> Très belles épreuves.

EVERDINGEN (Allart van)

65

387. Les Deux tonneaux devant la chaumière (Dutuit 11).

> Superbe épreuve du 1er état : le monogramme est sur un
> fond blanc, la bordure est fine et trois coins sont ouverts. Très rare.

60

388. Le Pèlerin (12).

> Très belle épreuve du 2e état : Les travaux, à gauche, tou-
> chent la bordure qui est encore faible et il n'y a point d'azur.

389. La Barque du pêcheur (13).

> Superbe épreuve du 1er état : on ne voit que de légers nuages
> et pas d'azur ; la bordure est fine et irrégulière. Très rare.

390. Vue de mer (14).

> Superbe épreuve du 1er état : la bordure est fine et irrégu-
> lière ; les angles du haut et du bas, à droite, sont ouverts et
> les nuages et l'azur sont légers.

391. La Chaumière délabrée (15).

> Superbe épreuve du 1er état : Les nuages et l'azur sont très légers, toute la partie droite du ciel est blanche et la bordure est fine et irrégulière. Très rare.

392. L'Église sur la montagne (16).

> Très belle épreuve du 2e état : on voit l'église du haut de la montagne, mais la bordure est encore fine.

393. Le Hameau sur la pente d'une montagne (17).

> Superbe épreuve du 1er état : La bordure est fine et ouverte; au coin, à gauche, les nuages sont faibles ainsi que l'azur qui n'est formé, dans le même coin, que de traits épars et ne descend qu'à 7 millimètres. Très rare.

394. Le Tréteau du charpentier (21).

> Très belle épreuve du 2e état; elle est teintée.

395. La Maison avec tourelles (29).

> Superbe épreuve du 1er état : à l'eau-forte pure, le trait de bordure est léger, interrompu par places et les coins ne sont pas raccordés.

396. La Chaumière vue par derrière (30).

> Superbe épreuve du 1er état : à l'eau-forte pure, les angles de la gauche et du bas sont aigus et on voit un oiseau sur la première perche du toit de la chaumière. Très rare.

397. Les Deux nacelles qui s'approchent (32).

> Superbe épreuve du 1er état : avant de nombreux travaux, notamment avant les contre-tailles longitudinales sur les poutres qui servent de base à la chaumière; la bordure est fine et les deux coins de la droite sont ouverts. Très rare.

398. La Rivière qui serpente (33).

> Très belle épreuve du 1er état : avant de nombreux travaux, notamment avant l'azur au-dessus et au-dessous du petit nuage à droite; la bordure est fine et les coins de la gauche, du haut et de la droite du bas sont ouverts. Tachée.

399. Le Rocher sortant de l'eau (34).

> Très belle épreuve du 1er état : le trait est fin et interrompu par places et les rochers au-dessous de l'arbre, à droite, ne se détachent pas bien.

400. Les Chaumières sur le bord d'un torrent (36).

> Superbe épreuve du 1er état : avant de nombreux travaux, notamment avant que les deux couches de nuages, dans le haut, soient reliés avec les nuages du bas par des bandes d'azur; la bordure est fine et les coins sont ouverts.

401. L'Homme à l'ouverture de la haie délabrée (39).

> Très belle épreuve du 2e état : avant quelques légers travaux; la bordure est fine et les deux coins du haut et celui de la gauche du bas ne sont pas fermés.

402. Le Rocher sortant du milieu de la rivière (40).

> Très belle épreuve du 2e état : avec les oiseaux à droite, avant de nombreux travaux et avec la bordure encore fine.

403. Le Troupeau de cochons (43).

> Très belle épreuve du 1er état : le trait de bordure, dont deux coins sont ouverts, est formé de deux traits finement tracés et il n'y a pas d'azur; le coin du haut, à gauche, est rapporté.

404. Les Deux hommes sur la terrasse élevée (46).

> Superbe épreuve du 1er état : avant quelques travaux, notamment avant que le feuillage des buissons, à la gauche du bas, ait été ombré; la bordure est fine et interrompue en deux endroits dans le haut.

405. Marine à travers le rocher percé (47).

> Très belle épreuve du 2e état : avec les grosses branches qui pendent de la voûte du rocher, mais avant des retouches très dures et avec la bordure toujours fine.

406. Le Cavalier sur le pont (50).

> Superbe épreuve du 1er état : avant quelques légers travaux sur les eaux, au-dessous du rocher; à droite, le ciel est blanc dans le haut et la bordure, dont les coins du bas sont ouverts, est fine.

407. La Chèvre sur le petit pont (51).

> Très belle épreuve du 2e état : avec le nom du maître, avec l'homme assis et les troncs d'arbres, mais avant l'azur dans le haut, à gauche ; la bordure est toujours fine.

408. Le Chariot au défilé (57).

> Superbe épreuve du 1er état : à l'eau-forte pure, le trait carré, dont trois coins sont ouverts, est fin et les traits légers qui, dans les états suivants, descendent jusqu'au nuage à droite et couvrent une partie du ciel, ne s'aperçoivent pas encore.

409. Les Deux barques dans la large rivière (58).

> Superbe épreuve du 2e des quatre états décrits : le grand nuage, à droite, est ombré vers le bas, mais la bordure, dont trois coins sont toujours ouverts, est encore fine.

410. Les Deux nacelles vides (60).

> Superbe épreuve du 1er état : à l'eau-forte pure, l'azur à gauche n'est formé que de trois traits et la bordure, qui est double sur les côtés et dont trois coins sont ouverts, est fine.

411. Le Moulin à eau au pied d'une montagne (64).

> Très belle épreuve du 2e état : la planche est nettoyée, mais la bordure est toujours fine et l'on voit deux petites branches de chaque côté du tronc de l'arbre mort planté au haut de la montagne.

412. Le Tonneau et les planches au bord de l'eau (65).

> Très belle épreuve du 2e état : avant quelques travaux et que le trait carré ait été renforcé.

413. Le Paysan à cheval (69).

> Superbe épreuve du 2e des quatre états décrits : le nuage qui se voit vers la droite du haut a été nettoyé et les ombres au pied de la butte ont été éclaircies, mais les angles de la planche sont toujours aigus et la bordure est encore fine.

414. Les Trois voyageurs au-dessus du grand rocher (70).

> Superbe épreuve du 1er état : avant que le terrain au-dessous des deux hommes ait été ombré ; le trait de bordure est fin et la planche est sale.

415. Les Deux paysans sur la colline (71).

> Superbe épreuve du 1ᵉʳ état : avant que la planche ait été éclaircie et avant que la longue égratignure, en biais, qui traverse le grand nuage ait disparu ; la bordure est fine et trois coins sont ouverts.

416. Le Portefaix (72).

> Très belle épreuve du 1ᵉʳ état : avec les angles aigus et l'azur léger ; les deux coins sont blancs et les travaux du bas ne touchent pas au bord ; il y a au milieu une lacune triangulaire assez forte. Rare.

417. Le Rocher pointu (74).

> Superbe épreuve du 1ᵉʳ état : avant quelqnes travaux, avant que le monogramme A. V. E., à droite, ait été couvert de tailles croisées et avant que le même monogramme se lise, une seconde fois, sur une pierre voisine, à gauche ; la bordure, dont les coins de gauche sont ouverts, est fine. Rare.

418. Le Chariot (73).

> Très belle épreuve du 2ᵉ état : avec le bord du chemin marqué par quelques contre-tailles en biais, mais avant que la bordure ait été renforcée.

419. La Chaumière affaissée (76).

> Très belle épreuve du 2ᵉ état.

420. Le Moulin sous la chute d'eau (78).

421. La Branche d'arbre (79).

> Superbe épreuve du 2ᵉ état : avec le trait carré repris à la pointe et la partie blanche du sommet du rocher éteinte par une simple taille, mais avant les travaux sur les arbres du fond et sur le ciel. Très rare.

422. La Forêt épaisse (89).

> Superbe épreuve du 1ᵉʳ état : à l'eau-forte pure, la planche est sale et le visage des deux paysans est clair jusqu'au profil. Rare.

423. La Butte (100).

> Superbe épreuve du 1ᵉʳ état : avant de nombreux travaux,

notamment avant le grand pin qui masque, en partie, le château qu'on voit à gauche sur une éminence; toute la planche
est d'un ton sale et rembruni et la bordure est très fine,
Excessivement rare.

424. La Même estampe.

Très belle épreuve du 2e état : la bordure a été renforcée,
mais le grand pin qui s'élève à gauche n'a pas encore été re-
pris dans toutes ses parties.

425. Le Ruisseau traversant le bois (101).

Très belle épreuve du 4e des sept états décrits : la planche
réduite, mais avant la branche feuillée qui, dans le milieu du
haut, couvre le ciel dans l'état suivant.

426. La Cascade près du moulin à eau (102).

Contre-épreuve du 3e état, au verso, une seconde contre-
épreuve de l'Homme passant sur le petit pont (103).

427. La Meule (9). — La Chapelle (10). 2 épreuves. — Le
gros Arbre (26), bordure fine. — Le Rocher immense
(31), 4e état. —La Chaumière délabrée (38). 2 épreuves.
Ensemble 7 pièces.

Très belles épreuves.

428. Les Trois huttes au sommet du rocher (41). Le Pont
couvert (45). — Les Deux hommes à la porte (48).
La Nacelle retirée au bord (52). — Les Deux solives
sur l'eau (56). — Les Deux hommes à cheval le long
des rochers (67). — La Femme regardant la nacelle
(75). — La Chaumière affaissée (76). — La Roue sous
le toit mobile (77), 2 épreuves. Ensemble 11 pièces.

Très belles épreuves.

429. Le Clocher (84). — Le Berger (87). — La Nacelle (88).
— Les Deux échelles (90). — Les Cabanes (92). —
L'homme sous les pins (93). 6 pièces.

Très belles épreuves.

430. Fontaines des eaux minérales (95 à 98); suite de 4 es-

tampes. — Le Moulin à eau (99), épreuve avec la bordure fine. — La Butte (100). — La Cascade près du moulin à eau (102). 7 pièces.

Très belles épreuves.

FORSTER (Michel-François)

431. Raphaël Sanzio. 2 portraits différents d'après les tableaux conservés à la Galerie de Florence et au Louvre.

Superbes épreuves avant toutes lettres; la première pièce est avant la bordure et la seconde est signée du graveur.

432. La Vierge aux bas-reliefs, d'après L. de Vinci.

Superbe épreuve avant toutes lettres et avant le trait carré, seulement le nom des artistes tracés à la pointe; elle est sur papier de Chine et est signée de l'auteur. Toute marge.

433. La Vierge à la légende, d'après Raphaël.

Superbe épreuve avant toutes lettres, seulement le nom du graveur tracé à la pointe; elle est sur Chine et a toute sa marge.

434. La Maîtresse du Titien. — La Vierge aux bas-reliefs. — La Vierge de la Maison d'Orléans. — Didon. — Portrait de Durer. — Portrait de Wellington. 6 pièces.

Très belles épreuves avant et avec la lettre.

FRAGONARD (Honoré)

435. Bacchanales; suite de 4 pièces gravées à l'eau-forte (De B. 6 à 9).

Très belles épreuves.

FRAGONARD (D'après Honoré)

436. Les Beignets, par N. de Launay.

Très belle et très rare épreuve avant toutes lettres et avant l'encadrement, dans un état d'eau-forte assez avancé. Très rare.

437. La Coquette fixée, par J. Couché et Dambrun.

Très belle épreuve.

438. Dites donc, s'il vous plaît, par N. de Launay. 170
>Très belle épreuve.

439. L'Heureuse fécondité, par N. de Launay. 125
>Très belle épreuve. Marge.

440. Le Pot au lait, par N. Ponce. 100
>Très belle épreuve.

441. Le Verrou, par Blot. 110
>Très belle épreuve.

442. Le Verre d'eau, par N. Ponce. 130
>Très rare épreuve avant toutes lettres, non entièrement terminée.

443. La Même estampe. 96
>Très belle épreuve.

444. La Culbute. — La Résistance inutile. — Le Colin-Maillard. — Contes de La Fontaine. — Sujet mythologique, etc. 7 pièces. 250 *Stettiner*
>Belles épreuves, la dernière pièce est imprimée en couleurs.

FAITHORNE (William)

445. HYDE (Lady Catherine), gravé à la manière noire, d'après M. Dahl. In-f°. 20
>Très belle épreuve avant la lettre.

FREUDEBERG (D'après Sigismond)

446. Le Petit jour, par N. de Launay. 1.440
>Superbe épreuve. Marge.

447. Le Coucher, par Duclos et Bosse. 440
>Très belle épreuve avant le numéro. Marge.

448. La Visite inattendue, par Voyez l'aîné. 200
>Très belle épreuve avant le numéro.

255

449. La Complaisance maternelle. — La Famille en goguette. — La Gaieté conjugale. — Lison dormait. 4 pièces par De Launay, Lingée et autres.

> Très belles épreuves.

GAILLARD (François)

600

450. L'Homme à l'œillet, d'après Van Eyck.

> Superbe et très rare épreuve avant toutes lettres et avant que les bords de la planche aient été régularisés en bas et sur le côté gauche ; sur Chine.

100

451. Tête de cire du Musée de Lille, 2e planche.

> Superbe épreuve du 3e état ; sur Chine.

GELÉE (Claude) dit le Lorrain

150

452. La Fuite en Égypte (R. D. 1).

> Très belle épreuve du 2e état : on ne voit plus que les quatre premières lettres du nom du maître, mais le trait carré n'est pas encore renforcé. Colons Alferoff et Massaloff.

453. La Danse au bord de l'eau (6).

> Très belle épreuve. Colon Gawet.

880

454. Le Bouvier (8).

> Très belle épreuve du 3e état : avec le chiffre 4 dans la marge de gauche, mais avant que le petit oiseau, que l'on voit distinctement à l'extrémité de la touffe de l'arbre qui avance le plus, du même côté, ait presque complètement disparu sous quelques traits de pointe sèche simulant un nuage.

380

455. La Danse sous les arbres (10).

> Superbe épreuve du 2e état : avec le numéro 6, mais avant que les angles aient été arrondis et avec les montagnes du fond apparentes. Colon Brodhurst.

205

456. Scène de brigands (12).
457
458

> Très belle épreuve.

457. Le Port de mer à la grosse tour (13). — Le Pont de
bois (14). 2 pièces.

  Très belles épreuves.

458. Mercure et Argus (17).

  Très belle épreuve du 1er état : avant la retouche.
Col&ons Alferoff et Massaloff.

459. Le Passage du gué (3). — Le Troupeau à l'abreuvoir
(4). — Le Temps, Apollon et les Saisons (20). — Les
Quatre Chèvres (27). 4 pièces.

  Très belles épreuves.

66

GÉRARD (D'après Mlle)

460. L'Espoir du retour, par P. Gérard.

  Superbe épreuve. Doublée.

GOLTZIUS (Henri)

461. Les Chefs-d'œuvre de Goltzius; suite de 6 estampes
(D. 15 à 20).

  Très belles épreuves.

85
Rapilly

462. Le Christ mort sur les genoux de la Sainte Vierge (41).

  Très belle épreuve.

45

463. Henri IV, roi de France et de Navarre, décoré du collier des ordres de Saint-Michel et du Saint-Esprit
(173). In-f°.

  Superbe épreuve du 1er état décrit : avant que l'adresse de
P. de la Houve ait été biffée, puis remplacée par celle de
H. Adolfz. Remargée.

390
Danlos

464. Leycester (Robert, comte de), général des troupes
d'Élisabeth dans les Pays-Bas. (174 In-8°.).

  Très belle épreuve, découpée à l'ovale.

20

465. J. Boll (161). — Ph. Galle (170). — Nicquet (178).
— Stradan (187). — Zurenus (189). 1er état. —

62

Bustes de femme et d'hommes (191, 202 et 207).
8 portraits in-8° et in-18.

Très belles épreuves.

466. Sujets de la fable. — Sujets de l'Ancien et du Nouveau
Testament. — Allégories. — Costumes, 22 pièces
gravées par le maître ou d'après ses dessins par
Saanredam et Matham.

Très belles épreuves.

GOLTZIUS (École de Henri)

467. Sujets de l'Ancien et du Nouveau Testament. — Sujets
mythologiques. — Compositions diverses. 48 pièces,
par de Bruyn, Falck, Matham, Muller, Saanredam et
autres maîtres.

Très belles épreuves.

GOUDT (Henri, Comte de)

468. Son Œuvre ; suite complète de 7 estampes, d'après
A. Elsheimer (D. 1 à 7).

Très belles épreuves.

GOYA (Francisco)

469. PHILIPPE III. — MARGUERITE D'AUTRICHE. — MÉNIPPE. —
ÉSOPE. — Un Nain assis. — Autre Nain assis, 6 pièces.

Belles épreuves.

GREUZE (D'après Jean-Baptiste)

470. Les Prémices de L'Amour, par Macret.

Très belle épreuve avant la lettre.

471. L'Enfant gâté. — La Vertu chancelante. 2 pièces, par
Le Bas et Massard.

Très belles épreuves.

472. La Petite liseuse. — Le Doux regard de Colin. — La

Jeunesse studieuse. — Têtes d'étude. 5 pièces par divers graveurs.

Très belles épreuves, deux sont tirées à la sanguine.

473. Jeune fille pensive. — La Lecture de la Bible. — Le Geste napolitain. — La Fille confuse. — Le Malheur imprévu. — Les Premières leçons de l'Amour. 6 pièces par divers graveurs.

Très belles épreuves.

474. Le Donneur de Sérénade. — La Paresseuse. — Le Repentir. — L'Occupation innocente. — Les Enfants surpris. — La Maman. — Les Œufs cassés. — Le Ménage ambulant. 8 pièces par divers graveurs.

Très belles épreuves.

HAAS

475. FRÉDÉRIC-LE-GRAND à cheval, d'après L. Wolf. Grand in-f°.

Très belle épreuve.

HOGARTH (William)

476. Les Musiciens enragés. — Aventures d'un fils prodigue et débauché. — Les Heures du jour, etc. 20 pièces.

Anciennes et belles épreuves.

HOLLAR (Wenceslas)

477. Représentation d'un calice, d'après Mantegna.

Très belle épreuve.

478. Portail de la cathédrale d'Anvers. — Publication de la paix entre l'Espagne et la Hollande devant la maison de ville d'Anvers. — Vue de la Bourse de Londres. 3 pièces.

Très belles épreuves.

479. Portraits. — Vues. — Compositions diverses. 27 pièces.

Belles épreuves.

HOPFER (Daniel et Jérôme)

480. Jésus se séparant de la Vierge (B. 8). — Le Christ en croix (12). — Crucifix dans une niche (13). — Intérieur d'une église gothique (25). — La Déesse tutélaire de la ville de Rome (37). — Trois Mamelucks (57). — Buste de l'empereur Galba (77). — Le Canon, etc. 14 pièces.

> Très belles épreuves, les nos 13, 25, 37, 57 et 77 sont avant les numéros.

HUET (D'après Jean-Baptiste)

481. L'Amour curieux, gravé à plusieurs crayons par l'Éveillé.

> Très belle épreuve.

482. Le Déjeuné, par Bonnet.

> Superbe épreuve imprimée en couleurs.

483. Le Faucon (Pour les contes de La Fontaine), par Bonnet.

> Très belle épreuve imprimée en couleurs. Remargée.

484. Vénus sur les eaux, par L. Marin (Bonnet).

> Superbe épreuve imprimée en couleurs.

JACQUART (Antoine)

485. Boîtiers de montres ; suite complète de 6 pièces.

> Superbes épreuves avec marges. Très rares.

JANINET (François)

486. Restes du Palais du pape Jules II, d'après Hubert Robert.

> Très belle épreuve imprimée en couleurs.

487. Foire hollandaise, 2 épreuves. — Le Nouvelliste. — La Tabagie hollandaise. — La Chaumière flamande. — Cour de ferme. 6 pièces, d'après Ostade.

> Très belles épreuves imprimées en couleurs.

JEAURAT (D'après Étienne)

488. Le Carnaval des rues de Paris. — Le Transport des filles

de joye à l'hôpital. 2 pièces, faisant pendants, gravées par Le Vasseur.

Très belles épreuves.

JOLLAIN (D'après)

489. Le Bain. — La Toilette. 2 pièces, faisant pendants, gravées par L. Bonnet.

Très belles et très fraîches épreuves imprimées en couleurs. Marges.

LANCRET (D'après Nicolas)

490. Les Saisons ; suite de 4 estampes, en largeur, gravées par De Larmessin.

Très belles épreuves.

491. Les Heures du jour ; suite de 4 estampes, en largeur, gravées par De Larmessin dont nous ne possédons que trois (manque le Soir).

Très belles épreuves ; le Matin est sans marge.

492. La Belle Grecque. — Le Turc amoureux. — Le Théâtre Italien. 3 pièces, gravées par Schmidt.

Très belles épreuves.

493. Dans cette aimable Solitude. — Par une tendre Chansonnette. — La Jeunesse. — Le Printemps. — Le Maître galant. 5 pièces gravées par Cochin, De Larmessin et Audran.

Très belles épreuves.

494. On ne s'avise jamais de tout. — Les Oyes de frère Philippe. — Les Rémois. — La Servante justifiée. 4 pièces, pour les contes de La Fontaine, gravées par N. de Larmessin.

Très belles épreuves avant l'adresse de Buldet ; la première pièce a une grande marge.

LAUTENSACK (Hans Sebald)

495. JÉRÔME SCHURSTAB (B. 7). — GEORGES ROGGENBACH (9).
2 portraits petit in-f°.

> Très belles épreuves.

LAW-REINCE (D'après Nicolas)

1280

496. L'Accident imprévu. — La Sentinelle en défaut. —
2 pièces, faisant pendants, gravées par Darcis (E. B.
1 et 58).

> Très belles épreuves imprimées en couleurs; elles sont toutes
> les deux avec la première adresse, celle de *Tresca*, et la
> première pièce est avec la faute au mot *mauvaises*, lequel est
> écrit sans *s*.

700

497. L'Assemblée au concert, par Dequevauviller (5).

> Très belle épreuve.

200

498. La Balançoire mystérieuse, par Vidal (9).

> Très belle épreuve avant la lettre et avant le flot.

700

499. Le Billet doux, par N. de Launay (10).

> Très belle épreuve. Petite marge.

190

500. Le Concert agréable, par C. M. Varin (13).
505

> Très belle épreuve.

800

501. La Consolation de l'Absence, par N. De Launay (14).

> Superbe épreuve.

320

502. Le Contretemps, par Dequevauviller (15).

> Superbe épreuve avec la 1re adresse, celle de Dequevauviller,
> laquelle fut changée trois fois par la suite.

300

503. Le Lever des Ouvrières en mode, par Dequevauviller (36).

> Superbe épreuve avec la 1re adresse, celle de Dequevauviller,
> laquelle fut, plus tard, remplacée par celle de Bance. Grande
> marge.

900

504. La Marchande à la toilette, par Vidal (37).
514

> Très belle épreuve.

505. Le Mercure de France, par Guttenberg (38).

Beaumarchais lisant dans la campagne, à une société d'amis,
sa comédie de *Figaro*.

Très belle épreuve.

506. Les Nymphes scrupuleuses, par Vidal (42).

Très belle épreuve.

507. Qu'en dit l'Abbé? par N. de Launay (51).

Belle épreuve. Marge.

508. Le Repentir tardif, par Le Villain (52).

Très belle épreuve.

509. Le Roman dangereux, par Helman (56).

Très belle épreuve.

510. Les Sabots, par J. Couché (57).

Superbe épreuve. Toute marge.

511. Les Soins mérités, par de Launay le jeune (60).

Très belle épreuve. Rognée au trait carré.

512. La Soubrette confidente, par Vidal (61).

Très belle épreuve.

LE CLERC (Sébastien)

513. *Le Puer Parvulus*, ou le passage d'Isaïe (J. 245).

Allusion au quiétisme; le sujet fut, dit-on, suggéré à S. Le
Clerc par Fénelon.

2 très belles épreuves dont l'une, du 1er état, est avant de
nombreux changements, notamment avant que le duc de Bourgogne, représenté en berger, ait été remplacé par un amour.

LE PEINTRE (d'après Charles)

514. La Cage symbolique, par Fessard.

Très belle épreuve.

LE PRINCE (D'après Jean-Baptiste)

515. L'Amour à l'Espagnole, par A. de Saint-Aubin et N. Pruneau.

Très belle épreuve.

516. Les Modèles, par De Longueil.

Très belle épreuve avant toutes lettres.

LEYDE (Lucas de)

517. Loth enivré par ses deux filles (16).

Très belle épreuve tirée sur papier au P. Gothique. Col⁰ⁿ Wlassoff.

518. Esther devant Assuérus (31).

Très belle épreuve sur papier au P. Gothique. Col⁰ⁿ dù Duc de Beuccleugh.

519. Jésus-Christ tenté par le démon (41).

Très belle épreuve.

520. Le Retour de l'Enfant prodigue (78).

Superbe épreuve. Col⁰ⁿ Wlassoff.

521. Marie-Madeleine se livrant aux plaisirs du monde (122).

Pièce capitale du Maître connue sous le nom de Danse de la Madeleine.

Superbe épreuve tirée sur papier au P. Gothique. Excessivement rare de cette qualité.

522. Le Poëte Virgile suspendu dans un panier (136).

Très belle épreuve tirée sur papier au P. Gothique.

523. L'Opérateur (157).

Très belle épreuve. Col⁰ⁿ Aylesford.

524. Les Onze rois d'Israël, 3e planche (14). — Le Poëte Virgile suspendu à une fenêtre (16). 2 pièces gravées sur bois.

Très belles épreuves.

LONGHI (Giuseppe)

525. Le Mariage de la Vierge, d'après Raphaël.

>   Très belle épreuve avec les vers tracés à la pointe ; elle a
>   une petite marge et provient de la Col^{on} Wlassoff.

    60

526. La Madeleine dans le désert, d'après Le Corrège.

>   Superbe épreuve avant toutes lettres et avant les armes,
>   seulement les noms des artistes tracés à la pointe. Sur papier
>   de Chine remonté.

    95

527. Bonaparte franchissant les Alpes sur un cheval fou-
     gueux, d'après le tableau de David.

>   Très belle épreuve avant la lettre.

    72

LORICHON (Constant-Louis)

528. La Vierge de *Bridge Watter*, d'après Raphaël.

>   Superbe épreuve avant toutes lettres, seulement les noms
>   des artistes tracés à la pointe.

529. La Vierge à la Bénédiction. — Le Mariage de sainte
     Catherine. 2 pièces d'après Raphaël et le Corrège.

>   Très belles épreuves avant toutes lettres.

A. LOUIS et VALLOT

530. Napoléon, dans son cabinet. — La bataille des Pyra-
     mides. 2 pièces d'après P. Delaroche et le Baron Gros.

>   Superbes épreuves avant toutes lettres ; la première pièce
>   est sur Chine et signée du graveur.

MANTEGNA (Andrea)

531. La Flagellation (1). — Jésus descendant aux limbes (5).
     — Le Sénat de Rome accompagnant un triomphe (11).
     — Les Éléphants portant des torches (12). 4 pièces.

>   Très belles épreuves ; incomplètes et manquant de conser-
>   vation.

    100

532. Bacchanale à la cuve (B. 19).

>   Belle épreuve imprimée à l'encre rousse.

    300

MARTINET (Alphonse-Louis)

533. La Vierge aux palmiers, d'après Raphaël.

> Superbe épreuve avant toutes lettres, seulement le nom du graveur tracé à la pointe; elle est sur Chine et a toute sa marge.

MASSARD (Raphaël-Urbain)

534. La Danse des Muses, d'après J. Romain.

> Superbe épreuve avant la lettre. Grande marge

MASSARD et AUDOUIN

535. Louis XVIII en pied, assis sur le trône. — Le Même Roi, en pied. 2 portraits, gr. in-f°, d'après Gérard et le Baron Gros.

> Très belles épreuves, la première pièce est avant toutes lettres.

MASSON (Antoine)

536. Abelly (Louis), évêque de Rodez (R. D. 8). In-f°.

> Très belle épreuve.

537. Anne d'Autriche, reine de France, buste fort comme nature (11).

> Superbe épreuve d'une très grande fraîcheur.

538. Bouillon (Emmanuel Théodose de la Tour d'Auvergne, duc d'Albret, cardinal de) (14).

> Magnifique épreuve du 1er état; avant que l'inscription sur la bordure, tracée en lettres blanches, *Sereniss. Prin. Emanuel Theodosius de la Tour d'Auvergne dux d'Albret*, ait été remplacée par celle-ci, *Emmanuel Theodosius*, etc, tracée en lettres ombrées; elle est aussi avant quelques légers travaux. Excessivement rare.

539. La Même Estampe.

> Très belle épreuve du 2e état. Doublée.

540. Brisacier (Guillaume de), secrétaire des commande-
ments de la Reine, d'après N. Mignard (15). In-f°.

> Chef-d'œuvre du Maître.
> Magnifique et très rare épreuve du 1er état : avant les noms
> et qualités du personnage dans la bordure. Col^{on} Debois.

3.400

541. La Même Estampe.

> Superbe et très rare épreuve du 2e état : avec les noms
> et qualités du personnage inscrits sur la bordure mais avec
> les fautes aux mots *Brisacier* et *secrétaire*, lesquels sont écrits
> *Brisasier* et *segretaire* ; elle est doublée et provient de la Col^{on}
> Wlassoff.

1580

542. Charnier (Gaspard), lieutenant criminel au Présidial de
Lyon (16). In-f°.

> Un des plus remarquables portraits du Maître.
> Très belle épreuve.

155

543. Cureau de la Chambre (Marin', médecin ordinaire du roi
et membre de l'Académie française, d'après P. Mignard
,24). In-f°.

> Superbe épreuve du 1er état : avant les contre-tailles sur la
> joue gauche du personnage.

210

544. Guise (Marie de Lorraine), d'après Mignard (32). In-f°.

> Très belle épreuve du 3e état : avec la bordure, mais avant
> le mot *Roma* suivi d'une figure de lapin après le mot *Pinxit*.
> Col^{on} Wlassoff.

545

545. Harcourt (Henri de Lorraine, comte d'), grand écuyer
de France (34). Grand in-f°.

> Belle épreuve du 2e état : avant le chiffre 4 dans la marge
> du côté gauche et avant toute retouche. Col^{on} Wlassoff.

546. Louis XIV, roi de France, buste plus fort que nature,
d'après C. Le Brun (45). Très grand in-f°.

> Superbe épreuve du 1er état : avant que la planche ait été
> diminuée et les inscriptions changées ; elle est doublée. Exces-
> sivement rare. Col^{on} Wlassoff.

300

50

547. MAINE (Louis-Auguste, duc du) colonel-général des Suisses et Grisons (47). In-f°.

Très belle épreuve.

80

548. ORMESSON (Olivier Le Fèvre d'), conseiller au Parlement de Paris et maître des requêtes (58). In-f°.

Très belle épreuve.

190

549. PATIN (Guy), savant médecin (59). In-f°.

Superbe épreuve du 1er état : avant toutes lettres et avant quelques légers travaux ; elle est doublée. Excessivement rare.

110

550. PATIN (Guy), médecin. — PATIN (Charles), fils du précédent. 2 portraits in-4° et petit in-f° (59 et 60).

Très belles épreuves, le premier portrait est avant l'adresse du graveur.

65

551. AL. DUPUY, Marquis de Saint-André-Montbrun (26). — LOUIS XIV (43). — ROUXEL DE MEDAVY (51). — A. LE NOSTRE (55). 4 portraits in-f°.

Très belles épreuves.

MECKEN (Israël Van)

125

552. Le Portement de croix (B. 17).

Très belle épreuve.

MELLAN (Claude)

553. Saint Pierre Nolasque. — L'Enfant Jésus. 2 pièces.

Très belles épreuves, la première pièce est fort rare et provient de la Coll^{on} Wlassoff.

MERCURY (Paolo)

554. Madame de Maintenon, d'après l'émail de Petitot. In-18.

Magnifique épreuve avant toutes lettres et avant la bordure, sur Chine volant. Piqûres d'humidité.

75

555. Sainte Amélie, reine de Hongrie, d'après P. Delaroche.

Superbe épreuve avant toutes lettres, sur Chine; signée du graveur.

MONNET (D'après Claude)

5 56. L'Amour est de tout âge. — Le Larcin. 2 pièces, faisant
pendants, gravées par Robillac.

> Très belles épreuves imprimées en couleurs.

365

557. Les Baigneuses surprises. — Le Roi d'Éthiopie abusant
de son pouvoir. — Renaud et Armide. 3 pièces gravées par Vidal.

> Très belles épreuves, les deux dernières pièces sont avant
> toutes lettres et avant les draperies.

280

MOREAU (D'après Jean-Michel)

558. Monument du Costume physique et moral à la fin du
XVIIIe siècle, *édition de Neuwied-sur-le-Rhin, 1789*,
suite de 26 pièces, dont nous ne possédons que 24
(manque la Déclaration de la grossesse et la Partie
de wisch).

> Très belles épreuves ayant toutes leurs marges.

2.300

559. Le Rendez-vous pour Marly, par Guttenberg (1356).

> Superbe épreuve avant la lettre. Très grande marge.

600

MORGHEN (Raphaël)

560. La Vierge à la chaise, dite la *Madonna della sedia*,
d'après Raphaël.

> 2 très belles épreuves dont une est avec la première ligne
> de dédicace tracée à la pointe et les adresses de *Pagni* et de
> *Bardi;* petites marges. Col^{on} Wlassoff.

50

561. La Vierge contemplant l'Enfant Jésus endormi dans ses
bras (*Parce somnum rumpere*), d'après Le Titien.

> Superbe épreuve avant toutes lettres, seulement les noms
> des artistes tracés à la pointe. Petite marge.

115

562. La Vierge au Chardonneret, d'après Raphaël.

> Superbe épreuve avant la lettre (lettres tracées). Col^{on} Wlas-
> soff.

563. La Cène, d'après la fresque de L. de Vinci.

> Superbe épreuve avant la virgule après le mot *vobis* et avant le point sous la lettre *R* du prénom du graveur.

564. La Transfiguration, d'après Raphaël.

> Epreuve à l'état d'eau-forte avec une seule tête terminée ; on lit à droite, sous le trait carré, tracé à la pointe : *Raphael Morghen sculp aq forti ;* toute marge. De la plus grande rareté.

565. La Même Estampe.

> Magnifique épreuve avant toutes lettres et avant que le livre que tient saint André ait été terminé, dite en cet état *au Livre Blanc*. Elle est de la plus grande rareté, car il n'en a été tiré que quinze exemplaires ; est doublée, a de petites marges et provient de la Col^{on} Wlassoff.

566. Raphaël Sanzio, d'après lui-même.

> 2 épreuves dont l'une est avant la lettre (lettres tracées) ; elle est doublée, a de petites marges et provient de la Col^{on} Wlassoff.

567. La Fornarina, d'après Raphaël.

> 3 très belles épreuves : à l'état d'eau-forte, avant toutes lettres, seulement les noms des artistes tracés à la pointe et avec la lettre.

568. Le Marquis de Moncade à cheval, d'après Ant. Van Dyck.

> Superbe épreuve avant la lettre (lettres tracées) ; elle est doublée et provient de la Col^{on} Wlassoff.

569. Le Parnasse. — La Vierge avec l'Enfant Jésus. — Portrait de Michel-Ange. 3 pièces d'après R. Mengs et Santarelli.

> Très belles épreuves avant la lettre.

570. La Justice. — La Poésie. — La Philosophie. — La Théologie, suite de quatre pièces. — La Jurisprudence, 2 épreuves dont une à l'état d'eau-forte. — Le Repos en Égypte, épreuve lettres grises. — La Transfiguration, par Raphaël et Ant. Morghen. Ensemble 8 pièces d'après Raphaël et Le Poussin.

> Très belles épreuves,

MULLER (Jean-Georges)

571. Le Brun (Louise-Élisabeth Vigée, Mme), d'après elle-même. In-f°.   *90*

> Très belle épreuve.

572. Louis XVI en pied, en manteau royal, d'après Duplessis. Très grand in-f°.

> Deux très belles épreuves dont l'une est avant toutes lettres.

MULLER (Christian-Frédéric)

573. La Madone de *Saint-Sixte*, d'après le tableau de Raphaël de la Galerie de Dresde.   *900*

> Superbe épreuve avant la lettre, seulement le titre et les noms des artistes tracés à la pointe; elle est tirée sur Chine volant.

574. La Même Estampe.   *145*

> Superbe épreuve avant la retouche de Bervic.

575. Saint Jean l'Évangéliste, d'après le Dominiquin.   *70*

> 2 très belles épreuves dont l'une est avec la date de 1808.

MONTAGNA (Benedetto)

576. L'Homme assis près d'un palmier (B. 28).   *100*

> Très belle et rare épreuve avant la retouche et l'adresse de Guidotti.

MORIN (Jean)

577. V. Chrystin (51). — H. Grimberghe, comtesse de Bossu (55). — M. Lemon (62). 3 portraits in-f°.

> Très belles épreuves,

578. Louis XI (63). — Louis XIII (64). 2 portraits in-f°, le dernier d'après Ph. de Champaigne.

> Très belles épreuves.

579. J. A. DE THOU (79). — Ant. VITRE (88). — MARIE DE MÉDICIS. 3 portraits in-f°.

> Très belles épreuves, le portrait de M. de Médicis est gravé par N. de Platte-Montagne.

NATTIER (D'après Jean-Marc)

580. MARIE-LECKZINSKA. — Mesdames HENRIETTE et LOUISE-ÉLISABETH DE FRANCE, sous les figures allégoriques du Feu et de la Terre. — Mme de Châteauroux. — La Nuit passe, l'aurore paraît. 5 pièces par Tardieu, Baléchou et Malœuvre.

> Très belles épreuves.

NANTEUIL (Robert)

581. AMELOT (Jacques), premier président de la Cour des Aides (19). In-f°.

> Belle épreuve du 1er état : avant que l'inscription, sur la bordure, ait été changée et avec l'écusson sur un fond blanc. Grande marge.

582. AMELOT (Michel, archevêque de Tours, buste demi-nature (20). In-f°.

> Belle épreuve du 3e état : avant l'adresse de Gantrel.

583. LE MÊME PERSONNAGE, buste fort comme nature (20). Grand in-f°.

> Très belle épreuve.

584. ANNE D'AUTRICHE, reine de France, buste fort comme nature (23). Grand in-f°.

> Très belle épreuve.

585. AUVRY (Claude), évêque de Coutances, trésorier de la Sainte-Chapelle (26). In-f°.

> Très belle épreuve du 1er état : la bordure est unie.

586. BAILLEUL (Louis de), président à mortier au Parlement de Paris (27). In-f°.

Très belle épreuve du 2ᵉ des quatre états décrits : avec l'année 1658, laquelle fut, par la suite, changée deux fois.

587. BARBERIN (Antoine), cardinal, archevêque de Reims (28). In-f°.

Très belle épreuve.

588. LE MÊME PERSONNAGE (30). In-f°.

280

Superbe épreuve, signée *P. Mariette 1664*.

589. BEAUMANOIR DE LAVARDIN (Philibert-Emmanuel de), évêque du Mans, d'après Ph. de Champaigne (34). In-f°.

Très belle épreuve du 1ᵉʳ état : avant que la tablette de la console ait été bien indiquée et avant divers travaux dans les armes.

590. LE MÊME PERSONNAGE (35). In-f°.

Très belle épreuve du 1ᵉʳ état : avant les nombreux changements qu'a subis postérieurement la planche. Doublée et tachée.

591. POMPONNE DE BELLIÈVRE (36). — VICTOR LE BOUTHILLIER (54). — MARIE DE BRAGELONNE (57). 3 portraits in-f°.

Belles épreuves.

592. BELLIÈVRE (Pomponne de), premier président au Parlement de Paris, d'après C. Le Brun (37). In-f°.

1350

Chef-d'œuvre du maître.
Très belle épreuve. Colᵒⁿ Osterwald.

593. BLANCHART (François), abbé de Sainte-Geneviève (39). In-f°.

Belle épreuve du 1ᵉʳ état : avant les inscriptions sur la face de la console.

594. BLONDEAU (François), président à la Cour des Comptes (40). In-f°.

Très belle épreuve.

595. BLONDEL (David), ministre protestant et historien (41).
In-4º.

> Superbe et rare épreuve du 1er état : avant le distique dans
> la tablette. Colon Wlassoff.

596. BOCHART DE SARON, chanoine de l'Église de Paris (42).
In-fº.

> Très belle épreuve.

597. BOILEAU (Gilles), greffier de la Grand'Chambre du Parlement de Paris (43). In-fº.

> Très belle épreuve du 2e état : avec une barre après le point
> qui suit le millésime, mais avant le quatrain sur la face du
> socle. Légères piqûres d'humidité.

598. BOSSUET (Jacques-Benigne), évêque de Meaux (45). —
Louis XIV, roi de France (162). 2 portraits, en bustes,
forts comme nature.

> Très belles épreuves, le portrait de Bossuet est rogné à
> l'ovale et celui de Louis XIV légèrement de tous côtés.

599. BOUCHU (Pierre), abbé de la Ferté, puis de Clairvaux
(47). In-fº.

> Superbe épreuve du 1er état : avant que l'année 1669 ait
> été enlevée et avant diverses corrections dans les inscrip-
> tions : elle a de la marge et provient de la Colon Wlassoff.

600. BOUILLON (Godefroi-Maurice de La Tour d'Auvergne,
duc de), grand chambellan de France (50). In-fº.

> Très belle épreuve tirée avant que la planche ait été réduite
> au niveau de l'écusson.

601. BOUILLON (Emmanuel-Théodose de La Tour d'Auvergne,
cardinal de) (51). In-fº.

> Belle épreuve du 2e état : avant que l'année ait été convertie
> en 1669.

602. BOUTHILIER (Victor Le), archevêque de Tours (51). In-fº.

> Très belle épreuve du 1er état : avant que l'année 1659 ait
> été enlevée. Marge.

603. Le Même Personnage (56). In-f° en largeur.

>Très belle épreuve.

604. Castelnau (Jacques, marquis de), maréchal de France (58). In-4°.

>Très belle épreuve.

200

605. Jean Chapelain (60). — Comte de Chavigny (66). — Christine de Suède (67). — François de Clermont-Tonnerre. 4 portraits in-f°.

>Belles épreuves.

57

606. Charles-Emmanuel II, duc de Savoie (61). In-f°.

>Belle épreuve. Grande marge.

607. Clermont-Tonnerre (François de), évêque de Noyon (68). In-f°.

>Très belle épreuve du 2ᵉ état : avec la croix pastorale mais avant les inscriptions dans la bordure.

608. Colbert (Jean-Baptiste), contrôleur général des Finances, d'après Ph. de Champaigne (71). In-f°.

>Belle épreuve du 3ᵉ état : avant les changements dans les inscriptions sur la bordure.

50

609. Le Même Personnage, buste fort comme nature (75). Grand in-f°.

>Superbe épreuve du 1ᵉʳ état : avant que la planche ait été réduite et la bordure changée. Excessivement rare.

920

610. Colbert (Jacques-Nicolas), archevêque de Rouen, buste fort comme nature (77). Grand in-f°.

>Très belle épreuve.

160

611. Le Même Personnage, buste fort comme nature (78). Grand in-f°.

>Très belle épreuve.

100

612. CONDÉ (Louis de Bourbon, IIe du nom, prince de), surnommé *Monsieur le Prince* (79). In-f°.

> Très belle épreuve.

613. COURTIN (Honoré), conseiller d'État (80). In-f°.

> Très belle épreuve du 1er état : avant les inscriptions sur la
> bordure. Marge.

614. CRÉQUI (François de Bonne, maréchal de) (81).

> Très belle épreuve.

615. DE SÈVE (Alexandre), conseiller d'État, prévôt des marchands (82). In-f°.

> Très belle épreuve. Colons Osterwald et Wlassoff.

616. DONI-D'ATTICHY (Louis), évêque d'Autun (83). In-f°.

> Très belle épreuve.

617. DORIEU (Jean), président en la Cour des Aides (84).
In-f°.

> Très belle épreuve. Grande marge.

618. DUNOIS (Jean-Louis-Charles d'Orléans-Longueville,
comte de), d'après Ferdinand (86). In-f°.

> Très belle épreuve.

619. Les Frères DUPUY (87-88 et 89). — CÉSAR D'ESTRÉES (92).
— JEAN FRONTO (99). — P. LALLEMANT (117). — P. JAN-
NIN (112). 7 portraits in-4° et in-f°.

> Belles épreuves.

620. ESPERNON (Bernard de Foix de la Valette, duc d') (91).
In-f°.

> Très belle épreuve du 2e état : avec l'année 1650 mais avant
> l'inscription dans la gorge de la bordure.

621. EVELYN (John), écrivain anglais et savant antiquaire (93).
In-4°.

> Estampe connue sous le titre du Petit mylord.
> Très belle épreuve ; elle est excessivement rare et provient
> de la Colon Wlassoff.

622. FOUQUET (Basile), abbé de Barbeaux et de Rigny, chan-
    celier des Ordres du roi (97). In-f°.

      Superbe épreuve. Marge.

310

623. FOUQUET (Nicolas), surintendant des Finances (98). In-f°.

      Superbe épreuve du 1er état : avant la correction au mot
messire, lequel est écrit *missire*. Très rare.

410

624. GUÉBRIANT (Jean-Baptiste Budes, comte de), maréchal
    de France (104). Petit in-f°.

      Très belle épreuve du 1er état, avant que la mention : *nommé
à l'ordre du Saint-Esprit*, etc., ait été remplacé par : *et Gou-
verneur d'Auxonne*, etc.

65

625. HARLAY DE CHANVALLON (François de), archevêque de
    Paris (107). In-f°.

      Superbe épreuve du 2e état : avant que la bordure ait été
garnie, au bas, d'un écusson armorié.

75

626. LOUIS HESSELIN (109). — MICHEL DE MAROLLES (171.) —
    GUILLAUME DE LAMOIGNON (120). — JEAN LE PAUTRE
    (127). — MICHEL LE TELLIER (128). 6 portraits in-8°,
    in-4° et in-f°.

      Belles épreuves.

627. HESSELIN (Louis), conseiller d'État, maître de la Cha n-
    bre aux Deniers (110). In-f°.

      Très belle épreuve du 1er état : avant les inscriptions sur la
face de la console.

628. LA CHAMBRE (Marin Cureau de), médecin du Roi (116).
    In-4°.

      Superbe épreuve du 2e état : avec une seule barre horizon-
tale dans la marge inférieure. Doublée.

130

629. LA MEILLERAYE (Charles de la Porte, duc de), maréchal
    de France, d'après Juste (118). In-f°.

      Très belle épreuve.

80

630. Lamoignon (Guillaume de), premier président au Parlement de Paris (119). In-f⁰.

> Très belle épreuve du 1ᵉʳ état : avant que l'année ait été convertie en 1661 et avant l'inscription sur la bordure. Marge.

631. Le Coigneux (Jacques), président à mortier au Parlement de Paris (125). Petit in-f⁰.

> Très belle épreuve.

632. Le Masle (Michel), prieur des Roches, chantre et chanoine de l'Église de Paris (126'. In-f⁰.

> Très belle épreuve du 1ᵉʳ état : avant que l'année ait été changée en 1661.

633. Le Tellier (Michel), ministre d'État, puis chancelier et garde des sceaux de France, d'après Ph. de Champaigne (134). In-f⁰.

> Superbe épreuve du 1ᵉʳ état : avant que la bordure ait été enlevée et remplacée par une autre de forme ovale à feuilles de laurier et que l'année ait été convertie en 1667. Les deux angles de gauche manquent.

634. Le Vayer (François de la Mothe), conseiller d'État (143). In-4⁰.

> Très belle épreuve.

635. Hugues de Lionne (146). — François de Lionne (147). — Louis XIV (152). — René de Longueil (166). — Maridat de Serrières (168). 5 portraits in-8⁰ et in-f⁰.

> Belles épreuves.

636. Loménie de Brienne (Henri-Auguste de), secrétaire d'État (148). In-f⁰.

> Très belle épreuve du 1ᵉʳ état : avant le nom du personnage sous la tablette.

637. Longueville (Henri d'Orléans, IIᵉ du nom, duc de), d'après P. de Champaigne (149). In-4⁰.

> Très belle épreuve.

638. LORET (Jean), poëte (150). In-4°.

> Très belle épreuve ayant une grande marge. Col^{on} Wlassoff.

639. LOTIN DE CHARNY (François), président au Parlement
de Paris (151). In-f°.

> Très belle épreuve du 3e des cinq états décrits : avant les
> trois accents au-dessus du point en losange qui termine
> l'inscription dans la bordure et avant que cette bordure ait été,
> au bas, décorée d'un écusson.

640. LOUIS XIV, roi de France (153). In-f°.

> Très belle et rare épreuve du 3e état (décrit par R. Dumesnil
> comme étant le premier) : avant que la bordure et tous les tra-
> vaux extérieurs aient été enlevés pour être remplacés par une
> autre bordure, mais avec trois signes après le crochet suivant
> l'année et avec une virgule après le mot *Amans*, dans le
> septième vers de l'inscription.

641. MALLIER DU HOUSSAY (François), évêque de Troyes,
d'après Velut (167). In-f°.

> Très belle épreuve. Marge.

642. SAVOIE (Marie-Jeanne-Baptiste de Savoie-Nemours,
duchesse de), d'après Du Sour (169). In-f°.

> Très belle épreuve du 1er état : avant la mention *Pendant
> la minorité de son fils*. Grande marge.

643. DENIS MARIN (170). — JULES MAZARIN (171). — LE
MÊME PERSONNAGE (179). 3 portraits in-f°.

> Belles épreuves.

644. MATIGNON (Léonor Goyon de), évêque de Coutances,
puis de Lisieux (172). In-f°.

> Très belle épreuve du 1er état : avant que la croix pastorale,
> dont est décoré le prélat, ait été remplacée par celle du Saint-
> Esprit et avant que le cordon de cet ordre entoure les armoiries.
> Marge.

645. MAZARIN (Jules), cardinal, ministre d'État, d'après Van
Mol (175). In-f°.

> Très belle épreuve du 1er état : avant les inscriptions sur la
> bordure.

120

646. LE MÊME PERSONNAGE (178). In-fº.

Très belle épreuve.

600

647. LE MÊME PERSONNAGE (180). In-fº.

Très belle épreuve du 1ᵉʳ état : avant que l'inscription *Nanteuil ad vium del*, etc., qui se lit au bas, ait été remplacée par ces mots, *Totum ferat hæc*, etc.

648. MESMES (Henri de). président à mortier au Parlement de Paris (191). In-fº.

Superbe épreuve du 1ᵉʳ état : avant que l'année ait été convertie en 1654.

649. MESMES (Jean-Antoine de), président à mortier au Parlement de Paris (192). In-fº.

Très belle épreuve du 1ᵉʳ état : avant les inscriptions sur la bordure et avant que l'année ait été convertie en 1661.

650. MOLÉ (Édouard), président à mortier au Parlement de Paris (193). In-fº.

Très belle épreuve. Colᵒⁿ Wlassoff.

651. MOLÉ (François), abbé de Sainte-Croix de Bordeaux, puis maître des Requêtes (195). In-fº.

Très belle épreuve.

95

652. FRANÇOIS-THÉODORE DE NESMOND (201). — FRANÇOIS DE NESMOND (202). — FERDINAND DE NEUFVILLE (203). — POTIER DE NOVION (205). 4 portraits in-fº.

Belles épreuves.

50

653. NEUFVILLE (Ferdinand de), évêque de Chartres (204). In-fº.

Très belle et très rare épreuve du 1ᵉʳ des neuf états décrits : avant que le point après l'année 1664 ait été suivi d'aucun signe. Tachée.

240

654. LE MÊME PERSONNAGE (206). In-fº.

Très belle épreuve du 2ᵉ des quatre états décrits : L'année a été convertie en 1657, le personnage est décoré de la croix du Saint-Esprit et ses armoiries, dont le support a été enlevé, sont entourées du Collier des ordres du Roi.

655. Novion (Nicolas Potier de), premier président au Parlement de Paris (207). In-f°.   *100*

> Très belle épreuve.

656. Orléans (Philippe, Fils de France, duc d') surnommé *Monsieur*; buste fort comme nature (208). Grand in-f°.   *360*

> Très belle épreuve du 1er état : il n'y a pas de point après le mot *Regis*.

657. Péréfixe de Beaumont (Hardouin de), archevêque de Paris (212 et 213). 2 pièces in-f° et in-4°.   *65*

> Très belles épreuves.

658. Regnauldin de Bereu (Claude), procureur général au Grand Conseil (216). In-f°.   *162*

> Très belle épreuve du 1er état : L'année est suivie d'un point seul.

659. Retz (Jean-François-Paul de Gondi, cardinal de) (217). In-f°.

> Belle épreuve du 1er état : avant la réduction de la bordure; quelques petites déchirures.

660. Richelieu (Armand-Paul Du Plessis, cardinal, duc de) d'après Ph. de Champaigne (218). In-f°.   *142*

> Très belle épreuve.

661. Saint-Paul (Charles-Paris d'Orléans-Longueville, comte de), d'après Ferdinand (219). In-f°.   *265*

> Très belle épreuve.

662. Sarrasin (Jean-François), homme de lettres (220). In-4°.   *260*

> Superbe et très rare épreuve du 1er état : avant aucun signe dans la marge; elle est doublée et provient de la Col^{on} Wlassoff.

663. Scudéri (Georges de), membre de l'Académie Française (221). In-4°.

> Très belle épreuve du 1er état : avant que la planche ait été réduite en ovale.

664. SÉGUIER DE SAINT-BRISSON (Pierre), prévôt de Paris (224). In-f°.

> Très belle épreuve.

52

665. PIERRE SÉGUIER (223). — FRANÇOIS SERVIEN (225). — LOUIS DE SUZE (227). — DENIS TALON (228). 4 portraits in-f°.

> Belles épreuves.

250

666. STEENBERGHEN (Jean-Baptiste van), conseiller du roi au Conseil de Flandre, d'après Duchastel (226). In-f°.

> Estampe connue sous le titre de l'avocat de Hollande.
> Superbe épreuve du 1er état : avant que le nom de *Duchastel* ait été précédé dés abréviations : *Nob. D. F.*; elle est doublée et provient de la Col^on Wlassoff.

667. THEVENIN (Claude), chanoine de l'Église de Paris (231). In-f°.

> Très belle épreuve du 2e des quatre états décrits : avec un simple trait vertical dans la marge du haut

360

668. TURENNE (Henri de La Tour d'Auvergne, vicomte de), maréchal de France ; buste fort comme nature (233). Grand in-f°.

> Très belle épreuve du 2e des six états décrits : avant les petites barres qu'on remarque dans les états suivants, après le point qui suit la lettre *R* du prénom de Nanteuil et entre les mots *privilegio et Regis;* elle manque de fraîcheur et est épidermée au verso.

NEYTS (Gilles)

80

669. Le Cavalier (6).

> Très belle épreuve.

OLMUTZ (Wenceslas d')

670. Saint-Jacques le majeur (B. 33).

> Belle épreuve.

OSTADE (Adrien van)

671. Paysan avec une petite toque noire (B. 1). — Paysanne qui rit (2). 2 pièces faisant pendants.

> Superbes épreuves du 1er état : avant les initiales du maître et le trait carré. Grandes marges.

672. Paysan qui rit (4).

> Très belle épreuve du 3e état : Le fond n'a pas été gratté, il n'y a point d'initiales et le trait carré est encore léger; elle est teintée.

673. Boulanger sonnant du cornet (7).

> Très belle épreuve du 4e état : Le fond est couvert de manière noire, mais l'œil droit du personnage est encore peu visible; la petite marge est rapportée.

674. Le Vielleur (8).

> Très belle épreuve du 2e état : sous la main qui tourne la manivelle on aperçoit des tailles espacées, mais l'épaule droite n'est pas encore profilée et la bordure est toujours fine. Col^{on} Smith.

675. Le Maître d'école (17).

> Très belle épreuve du 1er état : avant de nombreux travaux, la marge inférieure est nettoyée.

676. Les Harangueurs (19).

> Très belle épreuve du 5e état : avec de nombreux travaux additionnels, mais avant le trait échappé sur le nez de l'homme placé au-dessus de celui qui chante et avant que son bonnet ait été couvert d'une troisième taille. Grande marge.

677. Gueux debout (21).

> Très belle épreuve du 1er état : avant le trait de bordure.

678. Le Fumeur et le buveur (24*).

> Très belle épreuve du 2e état : avant le travail très serré imitant la manière noire et avec la bordure fine.

125

679. La Fileuse (30).

> Superbe épreuve du 2e état : avant de nombreux travaux, notamment avant que les deux traits qui vont le long du terrain, à partir du plus petit des deux porcs, jusqu'à la porte de la cave, soient continus ; la bordure est fine.

680. Le Benedicité (34).

> Superbe épreuve du 2e état : avant de nombreux travaux, notamment les tailles obliques très serrées tirées, de gauche à droite, entre la cheminée et la petite échelle ; le paysan a la tête couverte d'une calotte, mais le mur derrière sa tête est blanc et on aperçoit à cette place de fortes traces de grattoir.

681. Le Rémouleur (36).

> Très belle épreuve du 2e état : avec les travaux à la pointe sèche dans l'ombre qui est sous le bras gauche du rémouleur mais avec la bordure fine.

682. Les Deux Commères (40).

> Très belle épreuve avec la bordure fine.

683. Le Charcutier (41).

> Superbe épreuve du 1er état : avant de nombreux travaux, notamment ceux qu'on remarque sur le mur du pignon ; le bonnet de l'homme debout, à gauche, est blanc en grande partie et la bordure est très légère et interrompue par places.

684. La Même Estampe.

> Superbe épreuve du 4e état : avec de nombreux travaux additionnls et la bordure renforcée, mais avant que le pignon de la grande maison ait été éclairci et avant les contre-tailles horizontales sur le poteau, à gauche.

685. Le Charlatan (43).

100

> Superbe épreuve du 4e état : avec le groupe d'enfants à gauche et avec de nombreux travaux additionnels, mais avant que la planche ait été retravaillée, notamment sur l'intérieur du couvercle de la malle et, au-dessus de la tente, sur le feuillage entre le bonnet de l'homme debout et le tronc de l'arbre. Colon Liphart.

686. La Famille (44).

Très belle épreuve du 1er état : à l'eau-forte pure.

150

687. La Même Estampe.

Très belle épreuve du 4e état : avec le contour du tranchant de la hache et celui de la calotte du chapeau raccordés mais avant les tailles obliques sur le manteau de la cheminée. Col^{on} Galichon.

72

688. Le Violon et le petit vielleur (45).

Très belle épreuve du 2e état : avant un grand nombre de travaux, notamment les contre-tailles diagonales sur l'homme assis devant la porte de la maison et sur le terrain entre cet homme et les tonneaux.

105

689. La Fête sous la treille (47).

Très belle épreuve du 5e état : avec de nombreux travaux additionnels, mais avant que les tailles et contre-tailles, au coin du bas à droite, atteignent le trait carré.

690. La Danse au cabaret (49).

Très belle épreuve du 5e état : avant que les travaux produisant l'effet de la manière noire aient disparu et que les bords de la planche aient été nettoyés; la bordure est fine. Col^{on} Liphart.

300

691. Le Goûter (50).

Très belle épreuve du 5e état : avant de nombreux travaux, notamment les contre-tailles sur le vantail fermé de la porte de la cave, le bonnet de la petite fille, le dos et le coussin de la chaise de l'homme qui est debout tenant un verre à la main; la bordure est toujours fine. Les deux vers de Tibulle dans la marge inférieure manquent et l'estampe a été pliée.

70

692. L'Œuvre complet du Maître comprenant 52 estampes, plus 9 pièces doubles, en différents états, et 4 portraits de lui gravés par Gole, Houbraken et Coclers. Ensemble 63 pièces.

Anciennes et belles épreuves tirées, la plupart, sur papier de Hollande et antérieures presque toutes aux derniers états décrits.

620

PENCZ (Georges)

693. L'Histoire d'Abraham (B. 1 à 5).
Très belles épreuves.

694. Les Frères de Joseph le vendent à des marchands (11).
— Joseph et la femme de Putiphar (12). 2 pièces.
Superbes épreuves. Col^{on} Galichon.

695. L'Histoire de Tobie ; suite de sept estampes (13 à 19).
Très belles épreuves.

696. Différents sujets de l'Ancien Testament ; suite de 10 pièces
dont nous ne possédons que cinq (20-21-22-28 et 29).
Très belles épreuves.

697. La Vie de Jésus-Christ ; suite de vingt-six estampes dont
nous ne possédons que onze (34-36-37-38-39-41-43-
50-52-53 et 54).
Très belles épreuves.

698. Les Œuvres de miséricorde ; suite de 7 pièces (58 à 64).
Épreuves inégales.

699. Thomiris (70). — Procris tué par Céphale (73). —
Mutius Scœvola (74). — Regulus (77). 4 pièces.
Très belles épreuves.

700. Collatin près de Lucrèce qui vient de se donner la mort
(79). — Horatius Coclès (80). — Virginius tuant sa
fille (84). 3 pièces.
Très belles épreuves.

700 *bis*. Sophonisbé (82). — Artémise (83).
Très belles épreuves.

701. Deux Sujets d'un conte d'Albert d'Eyb (87-88).
Très belles épreuves.

702. Les Péchés mortels ; suite de 7 estampes (98 à 104).
Superbes épreuves. Col^{on} W. Esdaile.

703. Le Bon Samaritain (68). — Le Jugement de Pâris (89).
La Rivière passée à gué (94). — La Dialectique (111).
— Le Triomphe de l'Amour (117). 5 pièces.

Très belles épreuves.

PLOOS VAN AMSTEL (Cornelitz)

704. Collection d'Imitation de dessins d'après les principaux   *280*
Maîtres hollandais et flamands.

63 pièces, plusieurs sont doubles en états différents.

POILLY (Nicolas de)

705. LAMOIGNON (Guillaume de), premier président au Parle-   *72*
ment de Paris, d'après C. Le Brun ; buste fort comme
nature. Grand in-f°.

Très belle épreuve.

706. MARIE-THÉRÈSE, reine de France, d'après Beaubrun ;   *60*
buste fort comme nature. Grand in-f°.

Très belle épreuve. Remargée.

POILLY (A Paris, chez François de)

707. LOUIS XV en pied, assis sur le trône. Grand in-f°.

Très belle épreuve ; une déchirure.

PORPORATI (Carlo)

708. Vénus caressant l'Amour, d'après Pompéo Battoni.   *120*

Très belles épreuves avant toutes lettres, seulement le nom
de Porporati tracé à la pointe.

709. Suzanne au bain. — Le Coucher. — Le départ d'Agar,   *82*
— Garde à vous. 4 pièces d'après Santerre, C. Vanloo,
Wan der Werf et A. Kauffmann.

Très belles épreuves avant toutes lettres, sauf la dernière
pièce qui est seulement avant la dédicace.

QUEVERDO (D'après Jean-Marie)

710. Le Lever de la Mariée, par Dambrun.
>   Très belle épreuve.

RAIMONDI (Marc-Antoine)

711. Adam et Ève, d'après Raphaël (B. 1).
>   Très belle épreuve ayant été légèrement passée au carreau;
>   elle est doublée et provient de la Col^on Wlassoff.

712. Joseph et la femme de Putiphar, d'après Raphaël (9).
>   Très belle épreuve. Col^on Alferoff.

713. Le Massacre des Innocents (18). — Saint Paul prêchant
     à Athènes (44). 2 pièces d'après Raphaël.
>   Belles épreuves.

714. Les Maries pleurant le corps mort de Jésus-Christ
     d'après Raphaël (37).
>   Superbe épreuve; quelques légères restaurations.

715. La Vierge à la longue cuisse, d'après Raphaël (57).
>   Très belle épreuve. Col^on Masterman Sykes.

716. La Carcasse, par Augustin Vénitien d'après Raphaël
     (426).
>   Très belle épreuve.

717. Saint Christophe (146).
>   Très fine épreuve.

718. Le Parnasse, d'après Raphaël (247).
>   Très belle épreuve, ayant une petite marge. Col^on Wlassoff.

719. Vénus et l'Amour, par A. Vénitien, d'après Raphaël
     (286).
>   Très belle épreuve avant la retouche.

720. Vénus et l'Amour, d'après Raphaël (311).
>   Très belle épreuve.

721. Cupidon et les trois Grâces (344). — Mars, Vénus et
l'Amour (345). — Trajan entre la ville de Rome et
la Victoire (361). 3 pièces d'après Raphaël et Mantegna.

> Très belles épreuves.

722. Galathée, d'après Raphaël (350).

> Superbe épreuve. Colⁿ Wlassoff.

723. Les Grimpeurs, d'après Michel-Ange (487).

> Belle épreuve.

724. La Vie de la Vierge ; suite de 17 estampes d'après
A. Durer (621 à 637).

> Belles épreuves.

REMBRANDT (Harmensz Van Rijn)

725. Rembrandt aux cheveux crépus, sans année (B. 1. —
D. 1).

> Très belle épreuve. Doublée.

726. Rembrandt avec le bonnet fourré et l'habit noir (B. 6.
— D. 16).

> Très belle épreuve ayant une petite marge.

727. Rembrandt faisant la moue (B. 10). — Homme avec
trois crocs (B. 319. — D. 28). 2 pièces.

> Très belles épreuves, la seconde pièce provient de la Colⁿ
> H. Weber.

728. Rembrandt avec l'écharpe autour du cou (B. 17. —
D. 17).

> Très belle épreuve. Colⁿ du comte de Paar.

729. Rembrandt tenant un sabre (B. 18. — D. 18).

> Très belle épreuve. Colⁿ H. Weber.

730. Rembrandt et sa femme (B. 19. — D. 19).

> Très belle épreuve du 1ᵉʳ état : avant les retouches au burin

au-dessous du chapeau de Rembrandt et avant que le petit crochet, au-dessus de l'œil droit de sa femme, ait été enlevé ; marge d'un centimètre tout autour de la planche.

85

731. **Rembrandt aux cheveux courts et frisés** (B. 26. — D. 26).

> 2 très belles épreuves dont une est du 1er état : avec les traces à peine visibles du nom de Rembrandt dans le haut, à gauche.

62

732. **Adam et Ève** (B. 28. — D. 35).

> Belle épreuve du 2e état : avant que le reflet de lumière, sur la cuisse droite d'Ève, ait été atténué.

280

733. **Abraham recevant les trois anges** (B. 29. — D. 36).

> Très belle épreuve. Colon Folke et Lesécq des Tournelles.

100

734. **Agar envoyée par Abraham** (B. 30. — D. 37).

> Très belle épreuve ; un pli au milieu de l'estampe.

200

735. **Abraham caressant Isaac** (B. 33. — D. 38).

> Très belle épreuve du 1er état : avant le trait échappé au-dessus de l'épaule gauche d'Isaac.

145

736. **Le Sacrifice d'Abraham** (B. 35. — D. 40).

> Très belle épreuve.

55

737. **Joseph racontant ses songes.** (B. 37. — D. 41). — **David en prière** (B. 41. — D. 44). 2 pièces.

> Très belles épreuves.

360

738. **Le Triomphe de Mardochée** (B. 40. — D. 48).

> Très belle épreuve. Colon des comtes Perowsky et Zouboff.

145

739. **L'Ange disparaissant devant la famille de Tobie** (B. 43. — D. 46).

> Très belle épreuve du 1er état : avec les tailles à la pointe, sur la coiffure de la femme du jeune Tobie, très apparentes et avant les travaux, sur la malle et sur le terrain, dans les angles du bas.

740. L'Annonciation aux bergers (B. 44. — D. 49).   620

> Très belle épreuve, le paysage et les arches du pont sont très distincts ; elle est tirée sur papier à la folie et provient des collections du duc d'Orléans, 1749 et Wlassoff.

741. La Nativité (B. 45. — D. 50). — La Sainte Famille au chat (B. 63. — D. 66). 2 pièces.

> Belles épreuves.

742. L'Adoration des bergers (B. 46. — D. 51).

> Belle épreuve.

743. La Circoncision (B. 47. — D. 52).

> 2 épreuves dont une, très belle, est du 1er état : avec les places blanches non mordues par l'eau-forte, au milieu du haut et au coin de la gauche de l'estampe.

744. Autre Circoncision (B. 48. — D. 53).

> Très belle épreuve. Doublée.

745. Présentation au Temple (B. 49. — D. 54).   110

> Très belle épreuve du 2e état ; légèrement rognée en haut et en bas.

746. Présentation au Temple (B. 51. — D. 56).   55

> Très belle épreuve. Très grande marge.

747. Fuite en Égypte, effet de nuit (B. 53. — D. 58).   65

> Très belle épreuve avant la retouche de Basan.

748. La Fuite en Égypte (Passage de l'eau) (B. 55. — D. 60).   155

> Superbe épreuve ayant une petite marge.

749. Le Repos en Égypte, effet de nuit (B. 57. — D. 62).   110

> Superbe épreuve du 2e état : avant que la tête de l'âne ait été introduite dans la composition et avant les retouches successives faites postérieurement à la planche ; elle est teintée. Colon du duc d'Orléans.

749 *bis*. La Même Estampe.

> Très belle épreuve.

68

750. Jésus-Christ au milieu des Docteurs (B. 64. — D. 67).

Très belle épreuve.

751. Jésus-Christ disputant avec les Docteurs de la loi (B. 65. — D. 68).

Très belle épreuve.

7.000

M? Oback

752. Jésus-Christ prêchant, ou la petite Tombe (B. 67. — D. 71).

Magnifique épreuve fort chargée de barbes, l'homme coiffé d'un turban, debout sur le devant à gauche, a le bras droit et une partie du manteau très poussés au noir; elle a une marge d'un demi-centimètre de trois côtés et d'un centimètre et demi dans le bas. Excessivement rare de cette qualité. Colᵒⁿ Wlassoff.

82

753. Le Denier de César (B. 68. — D. 81).

Très belle épreuve du 1ᵉʳ état : avant les petites tailles perpendiculaires sur le bonnet du docteur qui se tient debout, le plus en avant; elle a une petite marge et provient de la Collection Schlosser.

754. La même Estampe.

Très belle épreuve.

755. La Samaritaine en largeur (B. 70. — D. 72).

Très belle épreuve.

140

756. La Samaritaine en hauteur (B. 71. — D. 73).

Très belle épreuve du 2ᵉ état: on ne voit plus les deux lignes parallèles dans le haut de l'estampe, mais elle est avant la retouche entière de la planche. Colᵒⁿˢ Razoumowsky et Comte Zouboff.

26

757. La Petite Résurrection de Lazare (B. 72. — D. 78).

Très belle épreuve.

80

758. Jésus guérissant les malades (Pièce dite des Cent florins (B. 74. — D. 77).

Très belle épreuve, sur papier du Japon, de la retouche du capitaine Baillie.

759. Jésus-Christ présenté au peuple (B. 76. — D. 83). 1550

>Superbe épreuve avec toutes les figures au-dessous de la plate-forme effacées et avec le mascaron ombré par des tailles horizontales. Doublée.

760. L'Ecce homo (B. 77. — D. 84). 350

>Superbe épreuve. Col^{on} Wlassoff.

761. Jésus-Christ en croix (B. 80. — D. 87). 50

>Très belle épreuve.

762. La Grande descente de croix (B. 81. — D. 88). 510

>Magnifique épreuve, très chargée de manière noire, du 2e état : avant l'adresse de *H. Vlenburgensis;* elle est doublée et provient de la Col^{on} Wlassoff.

763. Descente de croix (B. 82. — D. 89). — Descente de croix, dite aux flambeaux (B. 83. — D. 90). 2 pièces. 50

>Belles épreuves.

764. Le Transport de Jésus-Christ au tombeau (B. 84. — D. 92). — Les Disciples d'Emmaüs (B. 87. — D. 94). 2 pièces. 60

>Belles épreuves.

765. Les Petits disciples d'Emmaüs (B. 88. — D. 95). 100

>Superbe épreuve.

766. Le Bon Samaritain (B. 90. — D. 75). 125

>Belle épreuve. Col^{ous} Wolff et double du Musée de Berlin.

767. Le Retour de l'Enfant prodigue (B. 91. — D. 76). 120

>Très belle épreuve.

768. Décollation de saint Jean-Baptiste (B. 93). 430
769.
>Pièce très rare rejetée et donnée à Lievens ou à Rodermont. Très belle épreuve du 2e état : avant de nombreux travaux, notamment avant que le trou du fond ait été couvert entièrement de tailles croisées et avant que les deux marches de l'escalier, à gauche, aient été supprimées.

769. Pierre et Jean à la porte du Temple (B. 94. — D. 97).

> Superbe épreuve, fort chargée de barbes, du 2e des cinq
> états décrits ; avant que l'ombre diagonale qui se trouve sur
> l'arcade, au haut à gauche, ait été prolongée et avant les tra-
> vaux à la roulette sur le plancher.

770. Le Martyre de saint Étienne (B. 97. — D. 100).

> Très belle épreuve du 1er état : avant toutes retouches.

771. La Même Estampe.

> Très belle épreuve du même état. Petite marge.

772. Le Baptême de l'Eunuque (B. 98. — D. 101).

> Superbe épreuve. Colon Didot.

773. La Mort de la Vierge (B. 99. — D. 102).

> Superbe épreuve chargée de barbes.

774. La Même Estampe.

> Très belle épreuve sur papier de Chine volant. Colon Wlas-
> soff.

775. Saint Jérôme lisant au pied d'un arbre (B. 100. —
D. 103).

> Très belle épreuve.

776. Saint Jérôme en prière (B. 101. — D. 103). — Saint
Jérôme à genoux (B. 102. — D. 105). 2 épreuves.
Ensemble 3 pièces.

> Très belles épreuves.

777. Saint Jérôme en méditation (B. 105. — D. 109).

> Très belle épreuve.

778. Médée ou le Mariage de Jason et de Créuse (B. 112. —
D. 113).

> Superbe épreuve du 4e état : avant que les vers, dans la
> marge inférieure, aient été enlevés ; on ne voit dans cette marge
> que la première ligne de ces vers. Colon Van der Stol.

779. L'Étoile des Rois (B. 113. — D. 114).   *160*

Superbe épreuve du 1er état fort chargée de manière noire ; elle est tirée sur papier du Japon.

780. Petite Chasse aux lions (B. 115. — D. 116).

Très belle épreuve ; l'angle du bas, à gauche, est rapporté.

781. Autre Chasse aux lions (B. 116. — D. 117).

Très belle épreuve avec le fond sale. Petite marge.

782. Sujet de bataille (B. 117). — D. 118).   *65*

2 très belles épreuves des 2e et 3e état; l'épreuve du deuxième état est avec le fond teinté.

783. Les Musiciens ambulants (B. 119. — D. 120).   *60*

Très belle épreuve du 1er état : avant les petits travaux sur la poitrine de l'enfant.

784. Le Vendeur de mort aux rats (B. 121. — D. 122).   *250*

Très belle épreuve.

785. Le Petit orfèvre (B. 123. — D. 124).   *130*

Superbe épreuve du 1er état : avant la seconde taille sur la poutre du plafond, à droite; elle est tirée sur Japon.

786. La Faiseuse de Kouk's (B. 124. — D. 125).   *250*

Superbe épreuve. Colon Archinto.

787. La Même Estampe.

Très belle épreuve.

788. La Synagogne des Juifs (B. 126. — D. 127).   *460*

Très belle épreuve du 2e état : avant que la planche ait été retouchée.

789. La Coupeuse d'ongle (B. 127).   *85*

Pièce rejetée attribuée à Bol.
Très belle épreuve sur papier du Japon mince.

790. Le Jeu de Kolf (B. 125. — D. 126). — Le Maître   *85*
d'école (B. 128. — D. 128). 2 pièces.
Belles épreuves.

791. Le Dessinateur (B. 130. — D. 130). — Le Joueur de cartes (B. 136. — D. 135). 2 pièces.

    Très belles épreuves.

792. Juif à grand bonnet (B. 133. — D. 132). — Paysan les mains derrière le dos (B. 135. — D. 134). — Homme à cheval (B. 139. — D. 137). 3 pièces.

    Très belles épreuves.

793. Homme à cheval (B. 139. — D. 137). — Vieillard vu par le dos (B. 143. — D. 141). — Gueux debout (B. 162. — D. 158). — Gueux et gueuse (B. 164. — D. 160). 4 pièces.

    Très belles épreuves.

794. Homme méditant (B. 148. — D. 144).

    2 belles épreuves des 5e et 6e état.

795. Figure d'un vieillard à courte barbe (B. 151. — D. 147).

    2 épreuves dont une, superbe, est du 1er état : avant la dis-parition dans le haut, à droite, de deux tailles fines et parallèles, l'épreuve du second état provient de la Collection R. Dumesnil.

796. Le Persan (B. 152. — D. 148).

    Très belle épreuve.

797. Gueux assis sur une motte de terre (B. 172. — D. 170).

    Très belle épreuve du 1er état : avant quelques légers travaux et avant que le nom de Rembrandt ait été écrit en toutes lettres.

798. Gueux assis se chauffant les mains (B. 173. — D. 169). — Gueux estropié (B. 179. — D. 175). 2 pièces.

    Très belles épreuves.

799. Mendiants à la porte d'une maison (B. 176. — D. 172).

    Très belle épreuve.

800. Deux gueux en pendants (B. 177 et 178. — D. 173 et 174).

    Très belles épreuves. Colon Lesecq des Tournelles.

801. L'Espiègle (B. 188. — D. 185).
    Très belle épreuve tirée sur papier à la folie.   *120*

802. Le Vieillard endormi (B. 189. — D. 186).   *85*
    Très belle épreuve.

803. Le Dessinateur d'après le modèle (B. 192. — D. 189).
    — Figures académiques d'hommes (B. 194. — D. 191).
    — Les Baigneurs (B. 195. — D. 192). 3 pièces.
    Très belles épreuves.

804. Femme nue assise sur une butte (B. 198. — D. 195).
    Belle épreuve. Remargée.

805. Femme nue les pieds dans l'eau (B. 200. — D. 197).   *97*
    Très belle épreuve. Petite marge.

806. Vénus au bain (B. 201. — D. 198).
    Très belle épreuve.

807. La Négresse couchée (B. 205. — D. 202), 2e et
    3e états. — Vieille femme assise (B. 344. — D. 333).
    3 pièces.
    Belles épreuves dont deux, la Négresse couchée 2e état et
    la Vieille femme assise, offrent cette particularité qu'elles ont
    été tirées sur les feuillets d'une notice sur la vie de Wille,
    imprimée en langue anglaise et française, notice datant de la
    seconde moitié du xviiie siècle.

808. Jupiter et Antiope (B. 203. — D. 200).   *790*
    Superbe épreuve, fort chargée de barbes, du 1er état : avant
    les inscriptions et les vers.

809. Le Berger et sa famille (B. 220 — D. 217).   *160*
    Très belle épreuve. Col^{ons} Cranenburg et Le Secq des Tour-
    nelles.

810. Le Moulin, dit de Rembrandt (B. 233. — D. 230).   *2140*
    Très belle épreuve avec le fond sale et les craquelures
    apparentes. Col^{on} Alféroff.

800

811. La Campagne du Peseur d'or (B. 234. — D. 231).
>Belle épreuve.

812. Homme sous une treille (B. 257. — D. 273).
>Très belle épreuve. Rare.

813. Vieillard portant la main à son bonnet (B. 259. — D. 275).
>Très belle épreuve du 1er état : avant que la planche ait été terminée par Schmidt; légèrement rognée à droite.

814. Vieillard à grande barbe (B. 260. — D. 276). — Homme avec chaîne et croix (B. 261. — D. 277). 2 pièces.
>Très belles épreuves.

815. Vieillard à grande barbe et bonnet fourré (B. 262. — D. 278).
>Très belle épreuve avant la retouche; une légère déchirure à droite. Colon Wolff.

816. Homme à barbe courte et bonnet fourré (B. 263. — D. 279).
>Très belle épreuve.

817. Jean Antonides van der Linden (B. 264. — D. 264).
>Très belle épreuve.

115

818. Vieillard à barbe carrée (B. 265. — D. 280).
>Très belle épreuve.

80

819. Janus Silvius (B. 266. — D. 268).
>Très belle épreuve ayant une petite marge. Colons Akermann et Lesecq des Tournelles.

300

820. Jeune homme assis et réfléchissant (B. 268. — D. 282).
>Superbe épreuve.

821. Ménassé Ben Israël (B. 269. — D. 266).
>Très belle épreuve avec la marque de l'étau, dans le bas, très apparente.

822. Faustus (B. 270 — D. 259).

> Très belle épreuve de 3e état : avec les tailles obliques au burin sur le livre, mais avant la retouche entière de la planche.

52

823. Clément de Jonghe (B. 272 — D. 263).

> Très belle épreuve.

200

824. Abraham France (B. 273 — D. 260).

> Très belle épreuve du 7e état : avec le trait échappé sur la joue gauche du personnage et les espaces clairs sur le chapeau, mais avant de nombreuses retouches postérieures, notamment les tailles serrées sur le paysage.

825. Jean Lutma (B. 276 — D. 265).

> Superbe épreuve du 2e état : avec la croisée et les noms, mais avant que le cintre de la fenêtre, à droite, ait été ombré par des tailles circulaires. Double du Musée de Berlin.

826. Jean Asselyn, surnommé Crabbetje (B. 277 — D. 255).

> Bonne épreuve. Colon Goldsmith.

827. Ephraïm Bonus (B. 278 — D. 256).

> Estampe connue sous le nom du Juif à la rampe.
> Magnifique épreuve du 2e état fort chargée de barbes et dans un état de fraîcheur exceptionnel. De la plus grande rareté de cette qualité.

8. 600
Danlos

828. Johannes Wenbogardus (B. 279 — D. 272).

> Superbe épreuve du 5e état : Les ongles ont disparu, mais le contour à droite du rideau n'a pas été porté jusqu'au haut de la planche; elle a sa marge carrée et provient des Colons Mariette 1664 et H. Weber.

980

829. Uytenbogaert, dit le Peseur d'or (B. 281 — D. 271).

> Très belle épreuve d'un état, non décrit, intermédiaire entre le second et le troisième : elle est avec les grandes tailles perpendiculaires prolongées qu'on voit sur le sol, au-dessous de la jambe gauche du jeune garçon, mais elle est encore avant la retouche du capitaine Baillie.

200

830. LA MÊME ESTAMPE.

> Très belle épreuve, tirée sur japon, de la retouche du capitaine Baillie.

480

831. Le Petit Coppenol (B. 282 — D. 257).

> Très belle épreuve du 5e état : on aperçoit les traces du triptyque, mais l'œil-de-bœuf n'est pas encore rétabli.

832. Le Grand Coppenol (B. 283 — D. 258).

> Très belle épreuve du 5e état : avec les tailles horizontales sur le rideau, en haut à droite, mais avant que la planche ait été retouchée et coupée.

150

833. Le Bourgmestre Six (B. 285 — D. 267).

> Bonne épreuve tirée sur papier hollandais.

834. Seconde tête orientale (B. 287 — D. 284), rognée. — Vieillard à grande barbe (B. 290 — D. 287). — Vieillard à grande barbe et tête chauve (B. 291 — D. 288). 3 pièces.

> Très belle épreuves.

835. Tête d'homme chauve (B. 292 — D. 289).

> Très belle épreuve. Petite marge.

836. Homme avec chaine et croix (B. 261 — D. 277). — Tête d'homme chauve (B. 294 — D. 291). — Vieillard à barbe courte (B. 300). — Homme à bouche de travers (B. 305 — D. 301). — Homme avec bonnet (B. 307 — D. 303). 5 pièces.

> Belles épreuves.

155

837. Vieillard à grande barbe (B. 309 — D. 305).

> Très belle épreuve.

115

838. Homme avec chapeau à grands bords (B. 311 — D. 307).

> Superbe épreuve avec la tache d'oxyde, sous l'œil gauche, très apparente.

839. Vieillard à barbe carrée (B. 313 — D. 309). *610*
> Superbe épreuve.

840. Vieillard à barbe pointue (B. 315 — D. 311).
> Très belle épreuve, plus la copie, en contre-partie, citée par M. Dutuit.

841. Homme à moustaches relevées et assis (B. 321 — D. 314).
> Très belle épreuve.

842. Vieillard à tête chauve (B. 324 — D. 317). *72*
> Très belle épreuve.

843. Vieillard à barbe carrée fort large (B. 325 — D. 318). — Mauresse blanche (B. 357 — D. 345). — Tête de femme âgée (B. 358 — D. 346). 3 piéces.
> Très belles épreuves.

844. La Petite mariée juive (B. 342 — D. 331). *240*
> Très belle épreuve. Grande marge.

845. Vieille femme assise (B. 343 — D. 332). *1120*
> Portrait de la mère de Rembrandt.
> Superbe épreuve du 2e état : avant qu'un second trait contourne le nez du personnage et que le point qu'on voyait dessous ait disparu.

846. Autre Vieille femme assise (B. 344 — D. 333). *80*
> Superbe épreuve. Colon Heibich.

847. La Liseuse (B. 345 — D. 334). *145*
> Très belle épreuve du 2e état : avant que le nez ait été grossi et allongé.

848. Buste de la mère de Rembrandt (B. 349 — D. 337).
> 2 épreuves dont l'une est très belle.

849. Étude de six têtes au milieu desquelles est le portrait de la femme de Rembrandt (B. 365 — D. 353). *275*
> Très belle épreuve. Colon W. Esdaile.

850. Étude de trois têtes de femmes (B. 367 — D. 355).

     Très belle épreuve; le coin à la gauche du bas manque.

851. Trois têtes de femmes dont une qui dort (B. 368 — D. 356).

     Très belle épreuve.

ÉCOLE DE REMBRANDT

BOL (Ferdinand)

852. Saint Jérôme dans une caverne (D. 3).

     Très belle épreuve du 1er état : avant que le nom de Bol ait été enlevé.

853. Astrologue (8).

     Très belle et rare épreuve d'un état, non décrit, intermédiaire entre le premier et le second, probablement l'état décrit dans le catalogue Verstolk : avant le nom de Bol et avec le fond sous l'arcade, jusqu'au bonnet de l'astrologue et le coin de ce même côté, tout à fait blancs.

854. Le Sacrifice de Gédéon (2). — Vieillard philosophe (6). — Vieillard à barbe frisée (9). — Portrait de femme dans un ovale (17). 4 pièces.

     Très belles épreuves.

855. Portrait d'un officier (12), curieuse épreuve où le nom de Rembrandt remplace celui de Bol. — Portrait d'homme (13), 2e état. 2 pièces.

     Très belles épreuves.

856. La Femme à la poire (16).

     Très belle épreuve.

LIEVENS (Jean)

857. La Résurrection de Lazare (3). — Saint Jérôme (5). — L'Anachorète (7). 3 pièces.

     Très belles épreuves,

858. Les Joueurs et la mort (11).

> Superbe épreuve du 1er état : avant que l'adresse de *Martin van den Enden* ait été remplacée par celle de *Wyngaerde*.

859. Tête orientale (18). — Autre tête orientale (21). — Buste d'homme (22). 1er état. — Buste de femme (25). — Buste d'homme (28). — Autre buste d'homme (29). 6 pièces.

> Très belles épreuves.

860. Buste de vieillard (22), 1er état. — Autre buste de vieillard (23), 1er et 2e états. — Buste de vieillard (24), 1er et 2e états. Ensemble 5 pièces.

> Très belles épreuves.

861. Buste de jeune homme (26).

> Très belle épreuve du 1er état : avec seulement les initiales du maître et avant l'adresse de *Wyngaerde*. Très rare.

862. Buste de vieillard (32). — Le même buste (33). — Buste d'un oriental (34). — Buste de vieillard (35). — Buste d'homme (38). — Buste d'homme nu (49). — Vieillard assis (52). — Saint-Jean (64). 8 pièces.

> Très belles épreuves.

863. Buste de femme (42), 1er état. — Tête d'homme (43), 1er état. — Tête de vieillard (46), 1er état ? — Buste de vieillard (50), 1er et 2e états. Ensemble 5 pièces.

> Très belles épreuves.

864. Éphraïm Bonus (55). — J. Vondel (56). 2 portraits in-f°.

> Très belles épreuves, le portrait d'E. Bonus est avec l'adresse de Clément de Jonghe.

VAN VLIET (Jean-Georges)

865. Loth et ses filles, d'après Rembrand (D. 1).

> Superbe épreuve avant l'adresse de Cl. Jonghe. Col^{on} du Comte de Fries.

866. Suzanne et les deux vieillards. — Le Baptême de l'eunuque. 2 pièces d'après Rembrandt et Lievens (3 et 12).

Très belles épreuves, la première pièce est doublée.

867. Saint Jérôme (14).

2 épreuves dont l'une, très belle et très rare, est avant l'adresse de C. Visscher; on remarque derrière le dos du patriarche quelques retouches de la main de Van Vliet?

868. Vieille femme lisant (18), avant l'adresse de Visscher. — Buste de vieillard (25). 1er état. 2 pièces d'après Rembrandt.

Très belles épreuves.

869. Jésus-Christ transporté au tombeau (9). — Saint Jérôme (13), 1er état. — Buste d'un oriental (24). — Buste d'un homme riant (21). — Le Goût (27). — Les Métiers (42-43-48-50-55). Ensemble 10 pièces.

Très belles épreuves.

REMBRANDT (D'après)

870. Judas et Thamar (74). — Portrait de J. Lutma (75). — Jacob et Esaü (77). — Portrait de Jean Second (79). 4 pièces, par Lastman, Lutma et Rodermont.

Très belles épreuves.

871. Les Syndics de la Halle aux draps, gravé à la manière noire par R. Houston.

Superbe épreuve. Grande marge.

872. L'Adoration des bergers. — Lady lisant. — La Lecture de la Bible. — Portrait d'homme. — Portrait d'un Rabbin, etc. 6 pièces gravées, à la manière noire, par Strange, Earlon, Houston et autres graveurs.

Belles épreuves.

RICHOMME (Joseph-Théodore)

872 *bis*. La Sainte Famille, d'après le tableau de Raphaël
du Musée du Louvre.

> Superbe épreuve avant toutes lettres, seulement le nom du
> graveur tracé à la pointe; elle est sur Chine et a été donné par
> Richomme à M. Sauvé.

ROBETTA

873. L'Adoration des Rois (B. 6).

> Très belle épreuve tirée sur papier portant le filigrane de
> l'aigle à deux têtes.

100

ROTA (Martin)

874. Le Jugement dernier, d'après Michel-Ange.

> 2 très belles épreuves dont l'une est avant l'adresse de
> L. Garmoni.

RUBENS ET SON ÉCOLE

VAN DYCK, JORDAENS et AUTRES MAITRES

RUBENS (Par et d'après Pierre-Paul)

875. Son Portrait, par P. Pontius, d'après lui-même. In-f°.

> Superbe épreuve.

75

876. Chute des Anges rebelles. (D. *Ancien Testament* 1).
2 épreuves du 1er état. — Loth sortant de Sodome
(3), 1er état. — Job sur son fumier (7), 1er état. —
Réconciliation de Jacob et d'Esaü (14), 1er état.
Ensemble 5 pièces gravées par L. Vorsterman et
P. de Baillu.

> Très belles épreuves.

877. Moïse élevant le Serpent d'airain dans le désert, par
S. Bolswert (16).

> Superbe épreuve du 3e des sept états décrits : avec la dédi-
> cace, mais avant le raccord au-dessus des armes et avant l'adresse
> de G. Hendricx : elle est doublée et provient de la Col^{on} Wlassoff.

25

878. Sénachérib épouvanté (25). — Élie auquel un ange
apporte sa subsistance (26). — Judith coupant la
tête d'Holopherne (27). — Le même sujet (28).
— Suzanne et les vieillards (33), 1er et 3e états.
— Suzanne surprise par les vieillards (34).
2 épreuves. Ensemble 8 pièces gravées par Soutman, Lauwers, P. Pontius, L. Vorsterman et autres
maîtres.

Très belles épreuves.

879. Le Mariage de la Vierge (*Nouveau Testament* 2), 2ᵉ état.
— L'Annonciation (3), 2ᵉ état. — Adoration des bergers
(6). — La Nativité (10). — Autre Nativité (11). —
Ensemble 5 pièces gravées par Bolswert, L. Vorsterman et autres maîtres.

Très belles épreuves.

880. La Visitation, par P. de Jode (4).

Superbe épreuve du 2ᵉ des quatre états décrits : avant toute
adresse ; elle est doublée et provient de la Colᵒⁿ Wlassoff.

881. Adoration des rois (15), 2ᵉ état. — Autres adorations
(17-18-22-23). 6 pièces gravées par Bolswert, Lauwers, et Vorsterman.

Très belles épreuves.

882. Le Massacre des Innocents, par P. Pontius, grande pièce
en deux feuilles assemblées (32).

Très belle épreuve du 2ᵉ des·quatre états décrits : avant
l'adresse d'Huberti. Colᵒⁿ Mariette et Wlassoff.

883. Le Bourreau donnant la tête de Saint Jean à Salomé
(39). — La Fille d'Hérodiade présentant la tête de
Saint Jean (41). — Le Denier de César. — La Cène
(64), 2ᵉ état. — 4 pièces gravées par Bolswert, Soutman et L. Vorsterman.

Superbes épreuves,

884. La Pêche miraculeuse, par S. Bolswert ; grande pièce
en trois feuilles assemblées (48).

> Superbe épreuve du 1er état : avec l'adresse du graveur.

885. La Madeleine chez le Pharisien, par Natalis (55).

> Superbe et très rare épreuve d'un 1er état non décrit : avant
> toutes lettres ; elle est doublée et provient de la Col^{on} Wlassoff.

886. La Résurrection de Lazare, par S. a Bolswert (61).

> Superbe épreuve.

887. La Cène (62), 1er état. — Ecce homo (72). — Le Portement de croix (75). 3 pièces gravées par S. et B. a
Bolswert, C. Galle et P. Pontius.

> Superbes épreuves.

888. Jésus devant Pilate, par N. Lauwers (74).

> Superbe épreuve du 1er état ; avant que le nom de *N. Lau-
> wers* ait été remplacé par celui de *S. a Bolswert* qui, probable-
> ment, a travaillé à cette gravure.

889. L'Élévation en croix, par H. Withdoeck ; grande pièce
en trois feuilles assemblées (78).

> Très belle épreuve du 2e état : avant l'adresse de Chereau ;
> elle est doublée et provient de la Col^{on} Wlassoff.

890. Le Christ en croix (85). — Jésus-Christ en croix entre
les deux larrons (87). 2 pièces gravées par B. et S. a
Boldswert.

> Très belles épreuves ; une partie des inscriptions, dans la
> marge inférieure, a été coupée.

891. Le Christ entre deux larrons, par S. a Bolswert (86).

> Superbe épreuve du 1er état : avant le titre, *Et latrones
> unum a dextris*, etc.

892. La Grande descente de croix, par L. Vorsterman (99).

> Superbe épreuve du 1er état : avant l'adresse de C. Van
> Merlen. Col^{on} Wlassoff.

893. La Descente de croix (97). — Le Christ mort sur. les
genoux de la Vierge (102 et 105). — La Résurrection
de Notre-Seigneur (109) 1ᵉʳ état. — L'Ascension de
Jésus-Christ (118). 4 pièces gravées par Clouwet,
S. a Bolswert et G. Galle.

  Très belles épreuves.

893*bis*. — La Descente du Saint-Esprit (119). — La Trinité
(123), 1ᵉʳ et 2ᵐᵉ états. — Les Quatre Evangélistes
(128), 2ᵐᵉ état. — La Conversion de Saint Paul (129).
— Chute des Réprouvés (127). 6 pièces gravées par
P. Pontius, S. a Bolswert et Suiderhoef.

  Très belles épreuves.

894. L'Assomption de la Vierge (*Sujets de Vierge*, 4), 2ᵉ état.
— Autre Assomption (8), épreuve, non décrite, entre
le 1ᵉʳ et le 2ᵉ état. — Autre Assomption (9). 3 pièces
gravées par S. a Bolswert, Withdoeck et P. Pontius.

  Très belles épreuves.

895. Immaculée Conception (1), copie en contre-partie. —
La Sainte Vierge et l'Enfant Jésus nu (32). — La
Vierge et l'Enfant Jésus sur un piédestal (34). —- La
Sainte Vierge (44), 2ᵉ état. — Sainte Famille (46). —
Autre Sainte Famille (48). — Autre (54). — Sainte
Famille à l'oiseau (58), sans marge. 8 pièces par
S. a Bolswert, M. Lasne, Withdoeck et L. Vorsterman.

  Très belles épreuves.

896. Sainte Famille à l'oiseau (58). — La Sainte Vierge assise
sur le haut d'un degré (61). — Une Vierge dans une
niche (63). 3 pièces par S. a Boldswert, Snyers et
C. Galle.

  Très belles épreuves.

897. Saint François recevant les stigmates (*sujets de saints*,
11), 2ᵉ état. — Saint François d'Assise (13). —
Saint François d'Assise mourant (15). — 3 pièces
par L. Vorsterman, Soutman et Snyers.

  Très belles épreuves.

898. Saint Roch, par P. Pontius (44).

    Superbe épreuve.

899. Sainte Anne instruisant la Sainte Vierge (*Sujets de Saintes* 2), 3e état. — Sainte Cécile (24), 1er état. — Sainte Thérèse intercédant pour les âmes du purgatoire (33), 2e état. 3 pièces par S. a Bolswert et Withdoeck.

    Très belles épreuves.

900. Sainte Catherine (15).

    Eau-forte originale du Maître.
    Superbe épreuve.

901. Les Quatre Pères de l'Eglise (*Allégories sacrées* 2). 2e et 3e états. — Les Pères de l'Eglise (4). — Les Pères de l'Eglise agitant la question de l'Eucharistie (11). — Le tableau de la chapelle où est le tombeau de Rubens (17), 2e état. 4 pièces par C. Galle, N. Lauwers et P. Pontius.

    Très belles épreuves

902. La Destruction de l'Idolâtrie (6). — Triomphe de la Nouvelle Loi (7). — Le Triomphe de l'Église par l'Eucharistie (8). — Le Triomphe de la Charité (9). 4 grandes pièces, en deux feuilles assemblées chacune, par S. a Bolswert, Lauwers et Lommelin.

    Très belles épreuves.

903. Achille à la cour de Lycomède (*Sujets de la Fable 1*), 1er état. — Repas de Diane (9), 1er état. — Les Trois Grâces (12), 1er état. Erichtonius dans la corbeille (11), 1er état. 4 pièces par Visscher, Louys, Van Sompel et P. de Iode.

    Très belles épreuves.

904. Ixion trompé par Junon (18), 1er état. — Nymphes avec des gibiers (26). — L'enlèvement de Proserpine (37). — Les Noces de Thetys et de Pelée (41). — Vénus sur

les eaux (43), 1er état. — Le Triomphe de Bacchus ivre (61). Silène ivre (64), 1er état. — Silène ivre. 8 pièces gravées par Van Sompel, S. a Bolswert, Soutman et autres maîtres.

Très belles épreuves.

905. Mort de Sénèque (*Histoire, allégories* 19). — Thomyris, reine des Scythes (22), 2e état. — L'Abondance (27). — La vieille à la chandelle, estampe attribuée à Rubens (46). — Vieille femme tenant un pot à anse. — Soldat faisant tapage (63). 6 pièces par A. Voet, P. Pontius, Van Kessel et autres maîtres.

Très belles épreuves.

906. Thomyris, reine des Scythes, faisant plonger la tête de Cyrus dans un bassin rempli de sang humain, gravé par P. Pontius (22).

Superbe épreuve du 2e des quatre états décrits : avant les adresses de Huberti et de Van Merlin. Col^{ons} Mariette et Wlassoff.

907. Le jardin d'Amour, par P. Clouwet (39).

Superbe épreuve du 2e état : avant que le titre et les vers Flamands aient été remplacés par un titre et des vers Français. Col^{on} Wlassoff.

908. Chasse aux lions (*Sujets de chasse et Paysages* 1). — Chasse aux lions et aux tigres (2), 1er état. — La même chasse (4), 1er état. — Chasse aux loups (5), 1er état. — Chasse au sanglier (8). — Chasse au crocodile et à l'hippopotame (11), 1er état. — Études de Lions (33), 4 estampes. Ensemble 10 pièces gravées par S. a Bolswert, Suiderhoef, De Leuw et Soutman.

Très belles épreuves.

909. Grands paysages (1 et 2). — Petits paysages, 10 estampes. Ensemble 12 pièces.

Très belles épreuves.

909 *bis*. — Suzanne et les Vieillards. — La Vierge aux anges. **65**
— Le Couronnement de la Vierge. — Marche de Silène. — Portrait de Ferdinand d'Autriche, etc. 7 pièces gravées sur bois par C. Jegher.

Très belles épreuves.

909 *ter*. — Bacchanale. — Nymphes et Satyres. — Silène. — **82** Calisto au bain. 4 pièces gravées à la manière noire, par Hodges et Earlom.

Très belles épreuves, deux pièces manquent de conservation.

910. RUBENS ET SA FEMME. — Comte d'OLIVARES. — Thomas HOWARD et sa femme, sur la même planche. — H. VAN DEN BERGHE. — ROÉLANS. 5 portraits, in-f°, gravés par P. Pontius, Vorsterman et Hesse.

Très belles épreuves, le portrait de Roélans est avant la lettre.

911. La Galerie du Palais du Luxembourg, peinte par Rubens, dessinée par le S. Nattier et gravée par les plus illustres graveurs du temps. *A Paris, chez le S. Duchange, 1710*. 1 vol. in-f°, dem. rel. bas.

Très bel exemplaire avant les numéros.

VAN DYCK (D'après Antoine)

912. Le Couronnement d'épines, par S. a Bolswert.

Très belle épreuve du 1er état : avant les contre-tailles au vêtement et à la jambe gauche du deuxième soldat qui est debout, à droite.

913. Le Christ en croix, par S. a Bolswert.

Estampe connue sous le nom de Christ à l'éponge.
Superbe épreuve du 2e état : avant la transposition du nom du Peintre, avant que la main de Saint Jean ait été replacée sur l'épaule droite de la Vierge et avant beaucoup d'autres travaux, notamment avant les ombres portées en avant du gros doigt de pied de l'homme qui tient l'éponge et en avant de l'os de mort. Colons de Valois et Wlassoff.

914. Le Christ en croix, au côté droit est Saint Dominique et
à ses pieds Sainte Catherine de Sienne, gravé par
S. a Bolswert.

> Estampe connue sous le nom du Christ au Jacobin.
> Superbe épreuve. Colᵒⁿ Wlassoff.

915. L'Élévation en croix, 1ᵉʳ état. — La Vierge aux Anges,
épr. avec l'adresse de M. Vanden Enden. 2 pièces,
gravées par S. a Bolswert.

> Superbes épreuves.

916. Le Christ mort sur les genoux de la Sainte Vierge. —
Jésus-Christ mort soutenu par la Sainte Vierge. —
Saint Herman Joseph debout devant la Sainte Vierge.
— La Charité. — La Marche de Silène. 5 pièces gra-
vées par Vorsterman, S. a Bolswert et autres maîtres.

> Très belles épreuves.

917. Le Duc d'Aremberg ; grand portrait équestre gravé
par Earlom.

> Très belle épreuve.

JORDAENS (D'après Jacques)

918. Jésus chassant les vendeurs du temple (Hequet 6). —
Déposition de croix (11). — Mercure coupant la tête
d'Argus (16), 1ᵉʳ état. — Io au moment où Jupiter
l'arrête (17), 1ᵉʳ état. — Jupiter enfant et la chèvre
Amalthée (19), 2ᵉ épreuve du 1ᵉʳ état. — Cacus s'em-
parant des vaches d'Hercule (30), 1ᵉʳ état. Ensemble
7 eaux-fortes originales du Maître.

> Très belles épreuves.

919. La Nativité (2), 1ᵉʳ état. — La Fuite en Égypte (4), 1ᵉʳ
état. — Grand Christ en Croix (10). — Saint Martin
de Tours guérissant un possédé (12), 1ᵉʳ état. —
Martyr de Sainte Apolline (13). 5 pièces gravées par
P. de Iode, P. Pontius et Marinus.

> Superbes épreuves.

920. Mercure se préparant à couper la tête d'Argus (15),2e état.
— Jupiter et Mercure recevant l'hospitalité chez Philémon et Baucis (18), 1er état. — Jupiter enfant nourri
par la chèvre Amalthée (20), 1er état. — Le Dieu Pan
gardant des chèvres et des moutons en jouant de la
flûte (21), 1er état. — Un Concert (24). 5 pièces gravées par S. a Bolswert et N. Lauwers.

    Superbes épreuves.

921. Le Roi boit (14). — Jupiter et Mercure chez Philémon
et Baucis (18). — Le Satyre ne voulant pas rester
chez une famille rustique (25 et 26). — Une femme à
sa toilette (26). — La famille de Rubens. 6 pièces, gravées par P. Pontius, Vorsterman, Earlom et autres
Maîtres.

    Très belles épreuves, la dernière pièce est gravée à la manière
noire.

922. Un Faune tenant un panier plein de fruits entre Cérès
d'un côté et un homme sonnant du cor de l'autre,
gravé par S. a Bolswert (28).

    Très belle épreuve de l'estampe la plus rare de l'œuvre de
Jordaens. Colou Wlassoff.

RUBENS (École de)

923. Sujets de l'Ancien et du Nouveau Testament. — Sujets
de la fable. — Allégories, etc. 27 pièces, d'après
G. Flinck, G. Seghers, Diépenbeke et autres Maîtres.
    Très belles épreuves.

SAINT-AUBIN (D'après Augustin de)

924. Le Concert, par Duclos (E. B. 403).
    Très belle épreuve, la marge inférieure manque.

SAINT-POUSSIN (D'après)

925. Bal de Saint-Cloud, par Fessard.
    Très belle épreuve d'une pièce dont le dessin rappelle
celui de G. de Saint-Aubin.

SCHAUFELEIN ? (Hans)

926. Le Vieillard amoureux.

> Belle épreuve en clair-obscur.

SCHMIDT (Georges-Frédéric)

927. SCHMIDT à l'arraignée, 2 épreuves avec différences. — SCHMIDT dessinant. — Mᵐᵉ SCHIMDT lisant. — Mᵐᵉ SCHMIDT en couseuse. — Buste de Mᵐᵉ SCHMIDT, 6 portraits in-8° et in-4°.

> Très belles épreuves.

928. BORCK (Frédéric-Guillaume), d'après Ant. Pesne. In-f°.

> Superbe épreuve.

929. CH. FRÉD. BLUME. — Comte ESTERHAZY, épreuve avant le burin. — DAVID SPLITGERGER. 3 portraits in-f°, d'après Falbe et Tocqué.

> Très belles épreuves.

930. EDLER (Jean Théodore), d'après Ant. Pesne. In-f°.

> Superbe épreuve tirée avant l'addition d'une cinquième ligne dans l'inscription, *natus etc.* Grande marge.

931. GORNE (Frédéric de), premier ministre d'État de S. M. le Roi de Prusse. In-f°.

> Très belle épreuve tirée avant que l'inscription Française ait été remplacée par une inscription Allemande. Grande marge.

932. KATT (H. de), maréchal de camp. In-f°.

> Très belle et rare épreuve avant toutes lettres. Grande marge.

933. LA TOUR (Maurice Quentin de) en buste, sur un chevalet, d'après lui-même. In-f°.

> Très belle épreuve.

934. LA TOUR D'AUVERGNE (Louis de), comte d'Évreux, lieutenant général des Armées du Roy. — FRÉDÉRIC-HENRI,

Prince de Prusse. — AUGUSTE III, Roi de Pologne.
3 portraits, in-f°, d'après H. Rigaud, Vanloo et L. de
Silvestre.

> Très belles épreuves, le portrait d'Auguste III est avant
> l'astérisque.

935. MIGNARD (Pierre), premier peintre du Roy, d'après   *100*
. H. Rigaud. In-f°.

> Très belle épreuve avant l'astérisque.

936. RASUMOWSKI (Cyrille, comte de), d'après Tocqué.
In-f°.

> Très belle épreuve. Fort rare.

937. SCARLATI (Constantin), prince Moldave. Petit in-1°.

> Très belle épreuve. Rare.

938. SCHUVALOW (Pierre comte de). Petit in-f°.
> Très belle épreuve du 1er état : avec la faute au mot *fecit*,
> lequel est écrit *fecie*.

939. WORONZOW (Michel, comte de), conseiller privé de   *70*
S. M. I^(ale) de toutes les Russies, d'après L. Tocqué. In-f°.

> Très belle épreuve. Grande marge.

940. J. BERNOULLI, professeur. — FRÉDÉRIC III, Roi de Prusse.
— Baronne de GRAPENDORF. — F. MÜLLER, pasteur à
Magdebourg. — F. B. OERTEL. — Comte SCHOUVALOW,
chambellan de S. M. Imp^(ale). — M^(me) SOPHIE WIEGERIN.
7 portraits in-4° et in-f°.

> Très belles épreuves.

941. TUBIÈRES DE CAYLUS, évêque d'Auxerre. — Charles DE
SAINT-ALBIN, évêque de Cambrai. — J. B. DE SILVA,
Docteur-régent de la Faculté de Médecine. — ANT.
PESNE, premier peintre du roi de Prusse. 4 portraits,
in-f°, d'après H. Rigaud, Fontaine et Pesne.

> Très belles épreuves.

942. J. Offroy de La Mettrie. — P. Mignard, premier peintre du roi. Ant. F. Prévost, aumônier de M. le Prince de Conti. — Ant. Pesne, premier peintre du roi de Prusse. — J.-B. Rousseau, poète. 5 portraits, in-4° et in-f°, d'après Aved, Rigaud et Pesne.

Très belles épreuves.

943. Algarotti, 1er état. — H. Burckhardt. — A. F. Busching. — Guyot Desfontaines. — Law, épreuve avant toutes lettres. — Mlle Clairon. — Portraits pour la suite de Desrochers, etc. 25 pièces.

Très belles épreuves.

110

944. Partie de son œuvre :
50 pièces d'après Rembrandt, Govaert Flinck, Ostade et autres maîtres.

Superbes épreuves dont un grand nombre en épreuves d'états.

SCHONGAUER (Martin)

200

945. L'Ange de l'Annonciation (B. 1).

Belle épreuve. Col[ons] Fuesseli et Wlassof.

345

946. L'Adoration des rois (6).

Très belle épreuve ; doublée avec un papier mince.

240

947. Jésus à la montagne des Oliviers (9).

Très belle épreuve.

720

948. Jésus-Christ devant le grand prêtre (11).

Superbe épreuve.

140

949. La Descente aux limbes (19).

Belle épreuve.

1.000

950. La Mort de la Vierge (33).

Très belle épreuve ; quelques légères restaurations.

951. La Nativité (B. app. 2).

> Très belle épreuve d'une estampe qui porte la marque de M. Schongauer, mais qui n'est pas de ce maître. Col^ons Fuesseli et Wlassoff.

SCHUPPEN (Pierre van)

952. MEULEN (Adam, François van der), célèbre peintre, d'après N. de Largillière. In-f°.

> Superbe épreuve avant toutes lettres et avant quelques légers travaux. Excessivement rare.

953. MAZARIN (Jules), cardinal, ministre d'État, d'après P. Mignard. In-f°.

> Superbe épreuve.

954. Le GRAND DAUPHIN. — A.-M.-L. d'ORLÉANS, duchesse de Montpensier. — CH. HOUEL DE MORAINVILLE. — Portrait d'un CARDINAL. — 4 portraits, in-f°, d'après De Sève et van Mol.

> Très belles épreuves.

955. Cardinal de BONSY. — L. LE PELLETIER. — G. DE LA REYNIE. — P. MERCIER. — Philippe, duc d'ORLÉANS. — Marquis DE NÉRESTANG. — ZWILLING. 7 portraits in-f°.

> Très belles épreuves.

SMITH (D'après John Raphaël)

956. A *Visit ot the grandfather*, gravé à la manière noire, par W. Ward.

> Superbe épreuve.

SOMER (Pierre et Jean van)

957. GUILLAUME-HENRI, par la grâce de Dieu, prince d'Orange et de Naussau..., d'après J. de Banne. In-f°.

> Superbe épreuve avec marge. Rare.

958. Un Militaire qui prend du tabac. — Un Militaire à qui
deux femmes versent à boire. — Jeune femme buvant.
— Des Soldats jouent aux dés, etc., 5 pièces gravées,
à la manière noire, d'après Terburg et autres maîtres.
Très belles épreuves.

STRANGE (Robert)

959. CHARLES Ier, roi d'Angleterre. — HENRIETTE DE FRANCE,
reine d'Angleterre. 2 portraits grand in-f°, faisant pendants, gravés d'après A. Van Dyck.
Très belles épreuves.

960. Charles Ier en manteau royal. — Les Enfants de
Charles Ier. 2 pièces, d'après A. Van Dyck.
Très belles épreuves.

961. Partie de son œuvre :
33 pièces gravées d'après Raphaël, Titien, Corrège
et autres maîtres.
Très belles épreuves.

SUANEVELT (Herman)

962. Partie de son œuvre :
Petites vues prises dans la campagne de Rome (D. 1 à 24),
manquent 2 pièces. — Différents animaux (27-28-29-30 et 31).
— Diverses vues de Rome (37-38-40-41-43-47), 1ers état. —
Diverses vues dedans et dehors de Rome (53-57-58-50-60-61-
62-63-64-65), 1ers état. — Suite de paysages sans numéros (77-
79-80), 2es état. — Deux paysages (81 et 81), 2es état. —
Différents paysages ornés de fabriques (84-85-86-87-89-93). —
Fuite en Egypte (100), 2e état. — Histoire d'Adonis (101 à 106).
1ers état. Ensemble 62 pièces.
Très belles épreuves.

SUIDERHOEF (Jonas)

963. J. BEENIUS (D. 10). — M. J. BOXHORN (14). — L. DE
DIEU (22). — R. DESCARTES (23). 4 portraits in-f°.
Très belles épreuves.

964. Charles Ier (16). — Wladislas VI (101). 2 portraits,
in-f°, d'après Van Dyck et Soutman.

> Très belles épreuves avant les numéros.

965. Cocceius (Johan), d'après J. de Vos (20). In-f°.

> Superbe épreuve du 1er état : avant que l'adresse de
> C. Banheynigh ait été remplacée par celle de H. Hallerdt.

966. Constantin l'empereur ab Oppyck, d'après Baudrigeen
(24). In-f°.

> Superbe épreuve du 2e des quatre états décrits : avec le mot
> Thysius, mais avant l'adresse de Dankertz.

967. G. de Glarges (29). — A. Heerebord (32). — R. Hegger
(34). — D. Heinsius (35). 4 portraits in-f°,

> Très belles épreuves.

968. Heydan (Abraham), d'après Van Schooten (38). In-f°.

> Superbe épreuve du 1er état : avec la première adresse, celle
> de C. Banheinning et avant que les modifications apportées au
> manteau ne laissent plus voir que huit boutons au vêtement de
> dessous, à la place des dix qu'on y compte dans cet état.

969. J. Hollebeck (39). — A. Kyper (49), 2e état. —
J. Maestertius (5), 2e état. — F. Plante (67). 4 portraits in-f°.

> Très belles épreuves.

970. Hoornbeeck (Jean) (40). In-f°.

> Très belle épreuve du 2e des cinq états décrits : avec l'âge du
> personnage et l'année, mais avant que le mot ultraiectina, dans
> la seconde ligne de l'inscription, ait été changé en Lugduno-
> Batava. Colon La Mote-Fouquet.

971. H. Goltzius (30). — F. de Moncade (57). — Philippe II,
(65). 3 portraits in-f°.

> Très belles épreuves.

972. Nuyts (David) (61). In-f°.

> Superbe épreuve du 1er état : avec les inscriptions des diffé-
> rents legs que le personnage avait faits à divers établissements

de bienfaisance; la moitié de la marge inférieure, celle où on
lit les huit vers de Cats. a été coupée, ceux qui les remplacent
sont manuscrits. Double du Musée de Berlin.

973. A. RIVET (72). — N. SMALTIUS (82). — M. TEELINCK (87).
— A. VISSCHER (92). — LES BOURGMESTRES D'AMS-
TERDAM (102). — COCCEIUS. 6 portraits. In-f°.

    Très belles épreuves.

974. SCHURMAN (Anne-Marie), d'après Lievins (78). In-f°.

    Superbe épreuve du 2e état : avant que l'adresse de *Banhein-
ning* ait été remplacée par celle d'*Allardt* et avant les retouches
au visage. Grande marge.

975. SWALM (Éléazar), d'après Rembrandt (84). In-f°.

    Très belle épreuve du 1er état : avant que la planche ait été
réduite. Double du Musée de Berlin.

976. TÉGULARIUS (Adriaan', d'après Hals (88).

    Très belle épreuve. Sans marge sur les côtés.

977. TRIGLAND (Corneille), d'après Mytens (89). In-f°.

    Superbe épreuve tirée sur papier à la folie, la marge infé-
rieure manque; très rare. Col^{on} Detmold.

978. WIKENBURG (97). In-f°.

    Très belle épreuve.

979. Les Paysans sous la treille, ou le grand balai, d'après
A. Van Ostade (124).

    Superbe et très rare épreuve du 1er état : avant toutes lettres et
avant un grand nombre de travaux dans toute la planche. Marge.

980. Les Paysans sous la treille (124). — La Rixe (137).
2 pièces, d'après A. Van Ostade.

    Très belles épreuves.

981. Les Joueurs de tric-trac, d'après A. Van Ostade (133).

    Superbe épreuve du 1er état : avant divers travaux et avant
l'adresse de *N. Visscher*, Col^{ons} Fuesseli et Osterwald.

982. Le Coup de couteau, d'après Terburg.

> Superbe et très rare épreuve du 1er état : avant les vers et l'adresse de *Cl. de Jonghe*. Col.on Fuesseli.

SURUGUE (Louis)

983. M.me de *** en habit de bal (M.me de Mouchy, dame d'honneur de la duchesse de Berry), d'après Ch. Coypel. In-f°. 70

> Très belle épreuve.

STAREN (Dirk van)

984. Jésus-Christ appelant à lui saint Pierre et saint André 1523 (B. 3). 205

> Très belle épreuve. Remarkée.

TARDIEU (Alexandre)

985. Marie-Antoinette, reine de France, en pied, d'après Dumont. In-f°.

> Très belle épreuve avant toutes lettres, seulement les noms des artistes tracés à la pointe.

TAUNAY (D'après)

986. La Noce de village, par Descourtis. 2000

> Très belle épreuve imprimée en couleurs.

987. Le Tambourin, par Descourtis.

> Très belle épreuve imprimée en couleurs.

VALCK (Pierre)

988. Marie, princesse d'Orange, d'après P. Lely. In-f°

> Superbe épreuve. Marge.

VISSCHER (Corneille)

989. Le Marchand de mort aux rats (D. 43). 52

> Superbe épreuve du 3e état : avec les mots *et exc.*, à la suite de l'inscription qui se lit dans le placard imprimé, mais avant toutes lettres dans la marge inférieure.

990. Jeune garçon et jeune fille tenant une ratière (45).

Superbe épreuve du 1er état : avant les contre-tailles sur le menton du jeune homme et avant le nom du maître.

991. La Fricasseuse (42). — La Bohémienne (44). — Buste de femme d'après Le Parmesan (51). 3 pièces.

Très belles épreuves.

992. L'Antiquaire, d'après Le Corrège (52).

Superbe épreuve avant les noms des artistes. Très rare.

993. Les Musiciens ambulants, d'après A. van Ostade (80).

Superbe épreuve du 2e état : avec les noms des artistes, mais avant l'adresse de Cl. de Jonghe.

994. Les Mangeurs de poisson, d'après A. van Ostade (82).

Très belle épreuve du 3e des huit états décrits : avant que le mot *et* ait été intercalé entre *pinxit et excudit.*

995. La Même Estampe.

Très belle épreuve du 4e état : le mot *et* est intercalé entre *pinxit* et *excudit.*

996. Lieven Coppenol (93).

Superbe et très rare épreuve du 1er état : avant toutes lettres, avant que le pli de la manche droite du personnage ait été ébarbé et avant que le bord de cette manche, au-dessus des boutons, soit ombré dans le milieu. Petite marge.

997. La Même Estampe.

Très belle épreuve du 2e état : avec les légers travaux mentionnés dans le 1er état, mais encore avant toutes lettres.

998. Vondel (120).

2 épreuves dont l'une, superbe, est du 5e des dix états décrits : avec les vers latins dans la marge du bas, mais avant le nom de Visscher.

999. J. Boelensz. — R. Junius. — J. Merius. — P. Scriverius. — C. Vosbergius. — J. Westerbaen, épreuves avant et avec la lettre. Ensemble 7 portraits in-8° et in-f°.

Très belles épreuves.

VISSCHER (Jean)

1000. Le Dévideur et la Fileuse. — Les Joueurs de tric-trac. 2 piéces gravées d'après A. van Ostade.

> Superbes épreuves en double exemplaire : avant et avec la lettre.

VISSCHER (Jean)

1001. Le Tatonneur. — Le Tireur d'Arc. — Bal dans la grange. — Portrait de Van der Hulst. 4 piéces.

> Belles épreuves, le Bal dans la grange est sans marge.

WALTNER (Ch. A.)

1002. Madame la Comtesse de Barck, d'après H. Regnault. Grand in-fº.

> Très belle épreuve.

WATTEAU (D'après Antoine)

1003. La Troupe italienne, par Boucher.

> Très belle épreuve. Doublée et montée en dessin.

1004. Louis XIV mettant le cordon bleu à Monseigneur de Bourgogne, par De Larmessin.

> Très belle épreuve.

1005. L'Amour au théâtre Italien, par C. N. Cochin.

> Très belle épreuve.

1006. Le Plaisir pastoral, par N. Tardieu.

> Très belle épreuve. Marge.

1007. Voulez-vous triompher des belles.., par Thomassin.

> Très belle épreuve.

1008. La Surprise, par B. Audran.

> Très belle épreuve. Marge.

250 1009. Retour de Campagne. — Pillement d'un village par l'ennemi. — Qu'ai-je fait, assassins, maudits? — Belle, n'écoutez rien. — Études d'après nature. — Le Théâtre Italien. — Ballet Italien. — Concert Italien. 15 pièces par divers graveurs.

> Très belles épreuves, les trois dernières pièces sont gravées en réduction pour dessus de boîtes.

WILLE (Jean-Georges)

1010. Son Portrait gravé par J. G. Müller, d'après Greuze. Petit in-f°.

> Très belle épreuve. Doublée.

1011. Agar présentée à Abraham par Sarah, d'après E. Diétrich (C. B. 1).

> Superbe épreuve avant toutes lettres et avant les armes. Col⁰ⁿ Wlassoff.

175 1012. Les Musiciens ambulants, d'après Diétrich (52).

> Superbe épreuve avant la lettre et avant les armes. Très rare.

1013. Les Offres réciproques, d'après Diétrich (53).

> Très belle épreuve avec le titre et les armes, sans aucunes autres lettres.

230 1014. Le Jeune joueur d'instrument, d'après G. Schalken (57).

> Superbe épreuve d'un tout 1ᵉʳ état non décrit : avant toutes lettres et *avant les armes*. Excessivement rare.

95 1015. Les Délices maternelles. — Les Soins maternels. Deux pièces, faisant pendants, gravées d'après Wille fils (58 et 59).

> Très belles épreuves avec les noms des artistes et les titres, sans aucunes autres lettres.

200 1016. La Devideuse. — La Liseuse, 2 pièces, faisant pendants, gravées d'après G. Dow.

> Très belles épreuves avant toutes lettres.

1017. La Ménagère hollandaise, d'après G. Dow.

> Très belle épreuve avant toutes lettres. Très grande marge ayant une déchirure dans le bas.

95

1018. Le Petit Physicien, d'après G. Netscher.

> Superbe épreuve d'un tout 1er état non décrit : avant toutes lettres et *avant les armes*. Excessivement rare.

380

1019. La Petite Écolière. — La Maîtresse d'Ecole, 2 pièces faisant pendants, gravées d'après Schenau et Wille fils.

> Très belles épreuves avant la lettre, mais avec les armes.

60

1020. La Bonne femme de Normandie. — Sœur de la femme de Normandie, 2 pièces, faisant pendants, d'après Wille fils.

> Superbes épreuves avant la lettre.

440

1021. Mothe-Houdancourt (Philippe de La¹, maréchal de France. In-f°.

> Très belle épreuve d'un état non décrit : le personnage est dans une bordure ovale, armoriée au bas, et décorée d'attributs militaires sur laquelle on lit : *C. Comte de la Mothe-Houdancourt Mar. de Fr. G. D'es. C. des O. du Roy C. D'H. Gou. Gravelines*. Cette bordure n'est pas de la main de Wille.

95

1022. Villeroy (François de Neufville, duc de), maréchal de France, d'après J. Chevalier (119). In-f°.

> Très belle et rare épreuve avant les mots *Q. off.* (*Quesnay offerebat*) et avant que la faute dans l'inscription : *enc*ue. *comp.* ait été corrigée en *anc*ue. *comp.*

1023. Saint-Florentin (Louis Phélypeaux, comte de), ministre de la maison du Roi, d'après L. Tocqué (124). In-f°.

> Très belle épreuve avant la qualité de ministre dans l'inscription et avant les maillets teintés dans les armes, dite en cet état : *aux maillets blancs*. Colon Wlassoff.

1355

1024. MARIGNY (Abel François Poisson de Vandières, marquis de), directeur général des Bâtiments, d'après L. Tocqué (125).

Superbe épreuve avant toutes lettres, avant les armes, avant le bout de l'épée et avant quelques travaux. Dans cet état, qui est de la plus grande rareté, on lit au bas d'un des plans que le personnage déroule devant lui : *sur la Place d'Armes de l'École Royale militaire, Janvier 1752*, inscription que ne signale pas M. Le Blanc et qui a disparu dès l'état suivant. Col^{on} Wlassoff.

630

1025. LE MÊME PORTRAIT.

Superbe et très rare épreuve avant toutes lettres et avant le bout de l'épée, mais avec les armes ; l'inscription sur un des plans, citée dans l'état précédent, est effacée. Deux petites taches d'encre dans l'estampe.

100

1026. BERRIER (Nicolas), Lieutenant de police, d'après J. de Lyen (127). In-f°.

Très belle épreuve avant la lettre et avant les armes ; épidermée au verso.

1027. BÉLIDOR (Bernard Forest de), mathématicien, d'après L. Vigée (133).

Très belle et très rare épreuve avant toutes lettres et avant la bordure inférieure terminée. Col^{on} de la Mothe-Fouquet.

1028. FRÉDÉRIC II, roi de Prusse, d'après Ant. Pesne (152).

Très belle épreuve.

1029. SCIARRA COLONNA (Prosper), cardinal, d'après Pompéo Battoni (158). In-4°.

Superbe épreuve avant toutes lettres et avant la bordure. Très rare.

1030. LOUIS XV. — P. GUÉRIN DE TENCIN. — J. DE BOULLONGNE. — J. PARROCEL. — J. B. MASSÉ. 5 portraits, in-f°, d'après H. Rigaud, Tocqué et autres artistes.

Très belles épreuves.

1031. F. QUESNAY. — ÉLISABETH DE GOUY. — M. Eth DE LARGIL-
LIÈRE. — Prince de GALLES. — VON ERLACH. 5 portraits,
in-f°, d'après H. Rigaud, Tocqué et Largillière.
Très belles épreuves.

1032. FOUCQUET DE BELLE-ISLE. — MAURICE DE SAXE. —
WOLDEMAR DE LOWENDAL. 3 portraits, in-f°, d'après
H. Rigaud et La Tour.
Très belles épreuves.

1033. WILLE, par Ingouf. — HENRI BENOIST. — FRÉDÉRIC II.
— HENRI LIÉBAUX. — MARIE-THÉRÈSE d'Espagne. —
PREISLER. — POPE. — SINGLIN. — QUESNAY. —
Portraits pour la suite de Desrochers, etc. 45 pièces.
Très belles épreuves.

1034. Le Concert de famille. — L'Instruction paternelle.
2 pièces gravées d'après G. Schalken et G. Terburg.
Très belles épreuves, la première pièce est doublée.

1035. La Mère de G. Dow. — La Liseuse. — La Tricoteuse
hollandaise. — La Cuisinière hollandaise. — La
Gazetière hollandaise. – Philosophe du temps passé.
— Le Sapeur des Gardes suisses. 7 pièces, d'après
G. Dow, Metzu, Mieris et autres maîtres.
Très belles épreuves avant et avec la lettre.

1036. Le Repos de la Vierge. — Mort de Marc-Antoine. —
Mort de Cléopâtre, 2 épreuves. — Le Maréchal des
Logis. — La Mère de G. Dow. 6 pièces d'après
divers peintres.
Très belles épreuves avant et avec la lettre.

WILLE fils (Par et d'après)

1037. Le Petit Vaux-hall. — L'Écrivain public. — La Mère
contente. — L'Essai du corset. 5 pièces par divers
graveurs.
Très belles épreuves.

1038. La Bonne mère sans souci. — Prévoyance au plaisir.
— Retour heureux. — Les Conseils maternels. —
Concert champêtre. — Les Joueurs. — La Nouvelle
affligeante. 7 pièces par divers graveurs.
> Très belles épreuves.

WOOLLETT (William)

1039. *Ceux and Alcione*, d'après R Wilson.
> 3 très belles épreuves : à l'état d'eau-forte, avant toutes
> lettres non entièrement terminée et avec la lettre.

1040. *The Cottagers. — The Jocund peasants.* 2 pièces, faisant pendants, d'après C. Dusart.
> Très belles épreuves en double exemplaire : à l'état d'eau-
> forte avancé et avec la lettre.

1041. *The Battle at la Hogue,* 2 épreuves en lettres grises
et avec la lettre. — *The death of general Wolff,*
2 épreuves. Ensemble 4 pièces d'après B. West.
> Très belles épreuves.

1042. *The Spanish pointer. — Shooting, Pl. IV. — Cicero at
his villa. — Solitude. — The Fishery,* 2 épreuves.
— *Phaéton.* Ensemble 7 pièces d'après Stubbes,
Wright et Wilson.
> Très belles épreuves, la dernière pièce est avant la lettre.

ZAZINGER (Martin)

1043. Lueur et obscurité (B. 21).
> Bonne épreuve.

ZOAN ANDRÉA

1044. Panneau arabesque en hauteur (B. 23).
> Très belle épreuve.

Paris. — Imprimerie de l'Art, Ch. BERGER, 41, rue de la Victoire

Produit : 224.494 francs